Severin Capaul
Chinas Weg zur Fussballmacht

Severin Capaul

Chinas Weg zur Fussballmacht

Wie die Chinesen den Fussball aufmischen

Herstellung und Verlag:
BoD - Books on Demand, Norderstedt

Umschlagabbildung: © intriceight - Fotolia.com

ISBN: 978-3-749-45293-4

Bibliografische Information der Deutschen Nationalbibliothek:
Die Deutsche Nationalbibliothek verzeichnet diese Publikation in
der Deutschen Nationalbibliografie; detaillierte bibliografische
Daten sind im Internet über http://dnb.de abrufbar.

Inhalt

Der Fussball im globalen Wandel

Die Zeiten, in denen der Fussball eine rein europäische und vielleicht noch südamerikanische Angelegenheit war, sind längst vorbei. Auch wenn sportlich gesehen die europäischen Vereine die Klasse unter sich vereinen und dies die nächsten Jahrzehnte tun werden, der Spitzenfussball hat eine enorme Anziehungskraft, welche in die ganze Welt hinaus ihre Wirkung hat. Angefangen hat es mit ein paar wenigen Investoren aus Russland und Fernost, welche sich als Nebenbeschäftigung einen Fussballverein aus einer europäischen Topliga kauften. Heutzutage sind jedoch bereits so viele Vereine in ausländischem Besitz, dass ein solches Investment schlichtweg normale Realität geworden ist und der Fussball längst zu einer globalen Angelegenheit wurde.

Russische Oligarchen, arabische Scheichs oder neureiche Chinesen, sie alle haben das Interesse am europäischen Fussball gefunden und wollen am Spiel und Geschäft auf höchster Ebene teilhaben und nicht nur passiv zusehen. Roman Abramowitsch gilt mit dem Kauf von Chelsea London im Jahr 2003 als Pionier und Revolutionär auf diesem Gebiet. Fussballromantiker empörten sich über die Summen, mit welchen Abramowitsch bei Chelsea London um sich warf. Heute hat man längst die Übersicht verloren, welcher Verein noch in heimischen oder ausländischen Händen ist. Vor allem in England haben mittlerweile mehr als die Hälfte der Premier League Klubs ausländische Investoren. Aber auch in Frankreich, Spanien und Italien sind je länger je mehr Investoren aus aller Welt am Ruder. Und bis auf die Extrembeispiele Paris Saint-Germain und Manchester City hält sich die Empörung in aller Regel in Grenzen und das einst Verpönte wurde zur Normalität.

Aber auch aus sportlicher Sicht kommt durchaus Bewegung in die weltweite Entwicklung des Fussballs. So steigerte sich die Qualität des Fussballs beispielsweise in den USA kontinuierlich. Es dürfte lediglich eine Frage der Zeit sein, bis das Level auf europäischem Topniveau liegen wird. Auch wenn das Niveau aktuell stagniert, die Weiterentwicklung dürfte in den nächsten Jahren durchaus positiv weiter voranschreiten. Dasselbe streben jetzt mit ein paar Jahre Verspätung auch die Chinesen an. Mit einer professionellen Ligastruktur und noch ein bisschen mehr finanziellen Mitteln sollen Topstars aus Europa den Fussball in China populärer und besser machen. Dies soll, so der Plan, auch die Qualität der einheimischen Spieler erhöhen, die Jugendförderung wird intensiviert und eine Qualifikation für die FIFA-Weltmeisterschaft als Minimalziel angestrebt. Sollte dies auf sportlicher Ebene in absehbarer Zeit doch nicht klappen, so kann sich China mit der vorhandenen finanziellen Kraft und Macht für die Ausführung des Turniers bei der FIFA bewerben und wird wohl gute Chancen haben, eine Zusage und die damit verbundene Teilnahmegarantie zu sichern.

Der Fussball entwickelt sich auf der ganzen Welt weiter. Länder, welche man in der Vergangenheit nicht mit Fussball in Verbindung brachte, treten aufs internationale Parkett. Die Spitze rückt näher zusammen und die kleineren Nationen holen Jahr für Jahr auf und die Lücke schliesst sich mehr und mehr. Wer hätte noch vor zehn Jahren gedacht, dass ein kleines Land wie Island sich für eine

Weltmeisterschaft qualifiziert und dafür Fussballnationen wie die Italiener oder Niederländer zu Hause bleiben müssen. Anders sieht es im Klubfussball aus, da geht die Schere zwischen reich und arm weiter auf. Und es dürfte eine Frage der Zeit sein, bis die Klub-Weltmeisterschaft revolutioniert und damit die europäische Champions League als wichtigstes Turnier auf Klubebene ablösen wird. Dies wird den grossen Teams noch mehr Einnahmen einbringen. Bereits im Frühjahr 2018 soll der FIFA von einer Investorengruppe ein Angebot vorgelegt worden sein, welches eigentlich nicht auszuschlagen ist. Für die Rechte an der Klub-Weltmeisterschaft und einer Nations League wurden 25 Milliarden US-Dollar geboten.

Unabhängig von diesem Angebot soll die Klub-Weltmeisterschaft ohnehin aufgestockt werden. Dereinst sollen also Spiele zwischen dem New York City FC und Guangzhou Evergrande genauso die Massen begeistern wie Real Madrid gegen den FC Bayern München. Wirtschaftlich gesehen wird dies sicherlich sinnvoll sein und den Vereinen und Verbänden ermöglichen, neue Einnahmen zu generieren. Ob eine solche Veranstaltung jedoch bei den Fans ankommen wird, steht in den Sternen. Gerade in Europa dürfte die Euphorie wohl nicht wirklich ausbrechen. Der verlorengegangenen Nähe zu den Fans oder auch neutralen Zuschauern würde damit wohl nicht entgegengesetzt, im Gegenteil.

Die Weltmeisterschaft im Sommer 2018 in Russland hat aber auch wiedermal aufgezeigt, dass der sportliche Erfolg nach wie vor über die europäischen Teams führt. Ab den Halbfinals verkam die

Weltmeisterschaft zu einer eigentlichen Europameisterschaft mit den Teams aus England, Belgien, Kroatien und Frankreich. Die letzten beiden Nationen, welche nicht der UEFA und damit Europa angegliedert sind, waren die südamerikanischen Nationalmannschaften aus Brasilien und Uruguay. Die beiden Grossmächte, welche gerne auch fussballerisch ganz vorne dabei wären, die USA und China, haben sich noch nicht einmal für das Turnier qualifiziert. Anspruch und Realität klaffen da noch sehr weit auseinander. Im Unterschied zu den Landesligen nützt das grosse Geld bei den Nationalmannschaften nicht sehr viel, wenn nicht nachhaltig in die Entwicklung der eigenen Spieler investiert wird. Die Chinesen haben dies erkannt und bauen Nachwuchszentren auf und bilden die eigene Jugend mit dem Wissen und der Hilfe der Europäer gezielt aus. Den Weg zu einer Fussballmacht hat China definitiv begonnen zu bestreiten, auch wenn sie erst am Anfang stehen und der Weg noch ein weiter und steiniger sein wird.

Das chinesische Interesse am Fussball als grosse Chance

China als Mutterland des Fussballs zu bezeichnen ist wohl doch ein bisschen gewagt und würde vor allem in England für Empörung sorgen. Dennoch ist diese Aussage nicht ganz falsch, wie ein Blick auf die Website der FIFA und deren Erzählung zur Geschichte des Fussballs zeigt. Bereits im zweiten und dritten Jahrhundert vor Christus begann die Entwicklung eines Spiels, welche dem heutigen Fussballspiel sehr ähnlich ist. Genannt wurde es Tsu Chu und wurde als militärisches Ausbildungsprogramm durchgeführt. Ein Ball musste mit Füssen, mit der Brust oder dem Rücken in ein Tor mit einer Öffnung von etwa 40 Zentimetern gebracht werden. Interessanterweise war es bereits damals nicht erlaubt, die Hände zur Hilfe zu nehmen. Um die Fussballromantik nicht ganz zu zerstören, soll nicht unerwähnt bleiben, dass der Ursprung des modernen Fussballs, wie wir das Spiel heute kennen, im 19. Jahrhundert in England zu finden ist.

Die Chinese Football Association wurde im Jahr 1924 gegründet und trat bereits 1931 der FIFA bei. Somit war sie vor renommierteren Ländern wie Kolumbien oder Australien Teil des Weltverbandes. Interessanterweise vergingen nach der Gründung der Asian Football Confederation zwanzig Jahre, bis sich die Chinese Football Association dem eigenen Kontinentalverband anschloss (1974). Das erste offizielle Länderspiel bestritt man aber bereits vor der Gründung eines offiziellen Verbandes. Am 31. Januar 1913 spielte China in Manila gegen die Philippinen und gewann das Premierenspiel mit 1:0. Das zweite Spiel nur vier Tage später am selben Ort gegen den gleichen Gegner ging dann mit 1:2

verloren. Zwei Jahre später folgten drei Partien wiederum gegen die Philippinen, bevor es dann im Jahr 1917 erstmals zum Duell gegen Japan kam.

In den 1920er und 1930er Jahren wurden auch die ersten chinesischen Fussballvereine gegründet. Diese waren jedoch ausschliesslich im Besitz von staatlichen Sportausschüssen oder der Armee. Daher dümpelte der Fussball jahrzehntelang im Amateurbereich vor sich hin und das Interesse hielt sich sehr stark Grenzen. Erst mit der Einführung der Jia-A League im Jahr 1994 gab es von Regierungs- und Verbandsseite den Wunsch, den Klubfussball zu professionalisieren und auf ein neues Niveau zu hieven. Zu Beginn der 1990er Jahre wurde es von der Regierung dann auch Firmen gestattet, Fussballvereine zu übernehmen und diese zu führen. Zehn Jahre nach Einführung der Jia-A League wurde diese bereits wieder durch die heutige Chinese Super League abgelöst. Ein nächster Schritt, um die Liga attraktiver zu gestalten und das fussballerische Niveau anzuheben.

Auch wenn noch keine nennenswerten Erfolge verzeichnet werden konnten, steigt das Interesse der chinesischen Bevölkerung am Fussballsport. Mittlerweile interessieren sich immerhin bereits 30% der Chinesen für das Spiel mit dem runden Leder. Verglichen mit Ländern wie Nigeria (83%), Deutschland (61%) oder Grossbritannien (52%) liegt man damit zwar prozentual gesehen noch weit zurück. In absoluten Zahlen gemessen an der Bevölkerungszahl Chinas ist die Zahl mit rund 400 Millionen Interessierten doch sehr stattlich. Für 24% der Chinesen ist der Fussball sogar die Lieblingssportart (88% in Ägypten, 55% in

Deutschland, 46% in Grossbritannien).[1] Dies bestärkt den Aufschwung der Sportart in China und ist für die Zukunft eine vielversprechende Voraussetzung.

Bestes Beispiel für die Begeisterung der Chinesen ist der Wechsel des 24-jährigen Shootingstars Xizhe Zhang zum VfL Wolfsburg im Dezember 2014. Bei seiner Vorstellung in Wolfsburg war das chinesische Fernsehen mit dabei und übertrug live in die Heimat. Bis zu 44 Millionen Chinesen schalteten ein und wohnten der Übertragung bei. Auch wenn die Wolfsburger natürlich verneinten, dass es sich bei der Verpflichtung von Xizhe Zhang um eine PR-Aktion handelte, kann man eine solche nicht ganz von der Hand weisen. Just ein paar Tage vor dieser medienwirksamen Präsentation war die Internetseite des VfL auf Chinesisch abrufbar. Und Volkswagen als Eigentümer und Hauptsponsor hatte sicherlich auch nichts dagegen, prominent im chinesischen Markt für Aufsehen zu sorgen. Der Spieler selbst sorgte dann beim VfL Wolfsburg für deutlich weniger Aufsehen. Nach bereits einem halben Jahr ohne einen Einsatz in der Bundesliga wechselte Zhang zurück nach China zu Beijing Guoan.

Das gesteigerte Interesse am Fussball zeigt sich auch an den Umsätzen der beiden weltweit grössten Sportartikelhersteller Nike und Adidas. Die Amerikaner von Nike machen in China mittlerweile einen jährlichen Umsatz von über fünf Milliarden US-Dollar, bei Wachstumsraten von über 20%. Auch Adidas erfreut sich im Reich der Mitte immer grösserer Begeisterung. Der Umsatz liegt auch bereits über vier Milliarden US-Dollar und das

---

[1] (Repucom, 2014)

jährliche Wachstum liegt bei den Deutschen sogar noch höher als bei Nike. Aber auch die chinesischen Sportartikelhersteller spüren den Aufschwung und streben ihrerseits nach Marktanteilen und wollen wachsen. Das grösste chinesische Unternehmen in diesem Bereich und die Nummer drei in China hinter den beiden grossen Weltkonzernen ist die Firma Anta Sports. Ein Konsortium, welches von der Anta Sports angeführt wird, hat im Dezember 2018 die Mehrheit am finnischen Unternehmen Amer Sports übernommen. Amer Sports führt bekannte Marken wie Wilson, Atomic oder auch Salomon.

Es dürfte damit klar sein, dass China bald der weltweit grösste Sport- und insbesondere auch Fussballmarkt sein wird. Zwar werden sie bezüglich der fussballerischen Qualität noch lange nicht auf Topniveau sein und nicht an die Europäer und Südamerikaner herankommen, aber zumindest finanziell haben die Chinesen bereits einige Ausrufezeichen setzen können und werden dies wohl auch zukünftig weiter tun. Und sollten sich in naher Zukunft wie in Deutschland rund 60% der Bevölkerung für Fussball interessieren, dann hat das Land der aufgehenden Sonne vielleicht bald 800 Millionen Fussballbegeisterte.

Chinas wirtschaftliche und finanzielle Kraft

Die Volksrepublik China ist flächenmässig das viertgrösste Land und mit über 1,386 Milliarden Einwohnern sogar das bevölkerungsreichste Land der Welt. Shanghai mit mehr 24 Millionen Einwohnern und die Hauptstadt Peking mit mehr als 21,5 Millionen Einwohnern gehören zu den grössten Städten weltweit. Seit 2013 wird das Land von Xi Jinping als Staatspräsidenten regiert, der die wirtschaftliche Öffnung vorantreibt und China zur Weltmacht Nummer eins machen will. Xi Jinping ist Mitglied der Kommunistischen Partei Chinas, welche im Einparteiensystem das Sagen hat.

In Europa kennt man das Reich der Mitte vorwiegend wegen der Chinesischen Mauer und den Chinarestaurants um die Ecke. Aber auch für Menschenrechtsverletzungen und Medienzensur ist China bei uns bekannt und wird politisch immer wieder kritisch diskutiert. Vor allem ist es aber auch ein Land, über welches man in der breiten Bevölkerung trotz über fünftausendjähriger Geschichte noch nicht viel weiss. Die Distanz und vor allem die Sprachbarrieren sind für die meisten unüberwindbar. Dennoch öffnet sich das Land gegenüber aussen Jahr für Jahr mehr und hat sich zunehmend zu einer ernstzunehmenden Wirtschaftsmacht entwickelt. Gerade zu Zeiten der unsicheren politischen Entscheide in den USA mit Donald Trump oder auch Russland mit Wladimir Putin scheint China fast schon zum sicheren Anker der Weltwirtschaft zu werden.

Die 1949 gegründete Volksrepublik China gilt als eine der schnellst wachsenden Volkswirtschaften der Welt. Seit 2001 ist man Mitglied der Welthandelsorganisation (WTO), was natürlich das Wachstum beschleunigte und den Handel mit anderen Nationen vereinfachte. Hatte China 1978 noch ein Aussenhandelsvolumen von 20,6 Milliarden US-Dollar, so lag dieses im Jahr 2010 bereits bei 2'974 Milliarden US-Dollar. Auch in den weiteren Jahren ging diese Zahl rasant nach oben und lag im Jahr 2015 bereits bei 3'957 Milliarden US-Dollar.[2]

Damit entwickelt sich China nicht nur als Land mit einer prosperierenden Binnenwirtschaft weiter, sondern wird auch zu einem bedeutenden Mitspieler in der Weltwirtschaft mit globaler

[2] (China Internet Information Center (CIIC), 2012)

Bedeutung. Die wichtigsten Handelspartner der Chinesen sind die Europäische Union, die USA und Japan. Die immer grössere Auswirkung auf die Weltwirtschaft bedeutet natürlich auch, dass die Abhängigkeit der chinesischen Wirtschaft weiter zunimmt. Stottert der Wirtschaftsmotor in China, so wirkt sich dies mittlerweile auch immer stärker auf die Wirtschaft anderer Länder aus. Schlechte Wirtschaftszahlen aus China lassen die amerikanischen und europäischen Börsen auch mal tiefrot erscheinen.

Um langfristig das Wirtschaftswachstum in China zu fördern hat Xi Jinping Grosses vor. Mit dem Projekt der neuen Seidenstrasse will er das Land besser an Europa anbinden und die Handelswege in grossem Stil ausbauen. Über 900 Milliarden US-Dollar sollen in tausende Kilometer Strassen, Schienen, Flughäfen, Häfen oder Pipelines investiert werden. Ein riesiges Geflecht soll dereinst den Handel zwischen asiatischen, europäischen und afrikanischen Staaten vereinfachen und vor allem beschleunigen. Und damit natürlich die Türen für chinesische Exporte noch viel weiter öffnen.

Die wirtschaftliche Entwicklung Chinas und vor allem deren Öffnung trägt dazu bei, dass chinesische Konzerne ebenfalls global aktiv werden. Firmen wie Alibaba, Huawei oder Xiaomi werden auch in Europa und den USA immer bekannter und erfolgreicher. Aber vor allem übernehmen chinesische Unternehmen in Europa immer mehr Firmen und gewinnen damit nicht nur an Grösse, sondern vor allem viel Wissen. Gerade in Deutschland sind Industrie- und Technologieunternehmen sehr beliebte Objekte der

Begierde. Für Aufsehen hat auch der Einstieg des Milliardärs Li Shufu bei Daimler gesorgt. Der Eigentümer des chinesischen Automobilherstellers Geely übernahm rund zehn Prozent der Anteile am Stuttgarter Unternehmen. Gleich ganz übernommen hat ChemChina den Schweizer Agrochemie-Konzern Syngenta für rund 43 Milliarden US-Dollar. ChemChina ist der grösste Chemiekonzern in China und ist im Besitz des Staates. Gemäss einer Erhebung von Ernst & Young wurden im Jahr 2017 von den Chinesen 274 europäische Unternehmen aufgekauft. Am meisten Geld investiert wurden dabei in Grossbritannien (17,7 Mrd. US-Dollar), in Deutschland (13,7 Mrd. US-Dollar) und in Russland (11,1 Mrd. US-Dollar). Aufgrund der weltweit steigenden wirtschaftlichen Unsicherheiten durch beispielsweise den Handelsstreit zwischen China und den USA, aber auch durch die gestiegene Skepsis gegenüber Firmenverkäufen an chinesische Unternehmen, waren die Investitionen in Europa und den USA im Jahr 2018 wieder rückläufig. Der Trend zur weiteren Öffnung und damit verbundenen Übernahmen dürfte sich in den nächsten Jahren jedoch trotzdem fortsetzen

Zu den weltweit grössten Unternehmen zählen bereits heute zahlreiche chinesische Firmen. Der Energieversorger State Grid Corporation und die beiden Ölgiganten Sinopec und China National Petroleum Corporation stehen umsatzmässig auf einer Stufe wie die Weltkonzerne Walmart, Toyota oder Royal Dutch Shell. Aber auch Banken oder Versicherer müssen sich keinesfalls verstecken und werden mit der Öffnung des Landes und allfälliger Expansionen nach USA und Europa noch weiter zulegen können.

Eine erfolgreiche Wirtschaft wird in China auch der Entwicklung des Fussballs helfen. Nicht selten sind die Inhaber dieser grossen chinesischen Unternehmen auch Besitzer von Fussballvereinen der Chinese Super League und stellen diesen Klubs riesige Summen für Transfers zur Verfügung. Teilweise treten die Firmen bereits auch als Sponsoren von europäischen Vereinen auf. Und der Einfluss auf den europäischen Fussball dürfte in naher Zukunft noch viel stärker zunehmen. Aber auch die Entwicklung der eigenen Liga wird weiter vorangetrieben werden. Denn für den grossen Fussballfan Xi Jinping gehört zu einer angesehenen Wirtschaftsmacht auch eine ebenso starke Fussballliga und Nationalmannschaft.

Chinas Nationalmannschaft auf der Suche nach Qualität

Grosse Stricke hat die Nationalmannschaft Chinas noch nicht zerrissen. Die Teilnahme an der FIFA Weltmeisterschaft 2002 in Japan und Südkorea blieb die bisher einzige in der chinesischen Fussballgeschichte. Mit null Punkten, null Toren und neun Gegentoren gegen Brasilien, Costa Rica und die Türkei verabschiedete man sich ohne aufzufallen auch schnell wieder aus dem Turnier. Zur direkten Qualifikation an die Endrunde 2018 in Russland fehlten den Chinesen in einer sehr engen Gruppe schlussendlich zwar nur drei Punkte, auf den Playoff-Platz sogar nur einen Punkt. Aber wiedermal fand ein grosses Turnier ohne China statt. Schlussendlich weist die Mannschaft schlichtweg zu wenig Qualität auf, da kann auch ein Weltklassetrainer wie Marcello Lippi nicht viel ausrichten. Der fünfmalige italienische Meister- und Weltmeistertrainer Italiens hat das Amt als Nationalcoach Chinas im Oktober 2016 übernommen und soll das Team zu Erfolgen führen.

Auch bei einem Blick auf die FIFA-Weltrangliste wird klar ersichtlich, dass sich Chinas Fussball in den letzten Jahren nicht sonderlich positiv entwickelt hat. Zum Ende des Jahres 2018 lag China lediglich auf Position 76 und damit hinter Nationen wie Guinea, Uganda oder Burkina Faso und nur knapp vor den Fussballexoten aus Curacao. Verglichen mit dem 97. Platz zum Ende des Jahres 2014 ist dies zwar eine Verbesserung um 21 Plätze. Jedoch lagen die Chinesen Ende 1998 schon mal auf Rang 37 und damit sehr viel weiter vorne als heute. Viele andere Nationalmannschaften haben in den letzten zwanzig Jahren deutlich besser gearbeitet und eine weitaus bessere Entwicklung hinter sich. Eine Entwicklung, welche man sich in China nun auch von seiner Nationalmannschaft erhofft und von Seiten der Regierung um den Staatspräsidenten Xi Jinping auch erwartet.

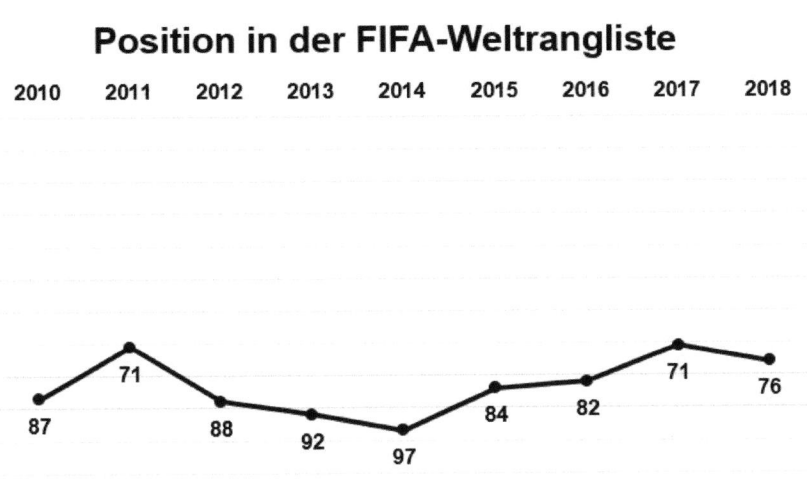

Position in der FIFA-Weltrangliste

Der Traum von Xi Jinping ist es denn auch, bis 2050 den Weltmeistertitel zu gewinnen. Aus heutiger Sicher natürlich noch reine Utopie. Die grössten Erfolge konnten die Chinesen denn auch bis heute lediglich an den Ostasienmeisterschaften feiern. Das unbedeutende Turnier, an welchem unter anderem Nationen wie Südkorea, Japan oder Australien teilnehmen, wurde in den Jahren 2005 und 2010 von China gewonnen.

Damit dies nicht die einzigen Erfolge bleiben, wurden durch den Staat und den nationalen Verband verschiedene

Fördermassnahmen eingeführt. Beispielsweise sollen in der heimischen Chinese Super League die eigenen Jugendspieler stark gefördert werden. Für jeden eingesetzten ausländischen Spieler muss als Ausgleich auch ein chinesischer Spieler unter 23 Jahren auf dem Platz stehen. Zudem müssen Vereine, welche zum Ende einer Spielzeit mehr Ausgaben als Einnahmen ausweisen, den entsprechenden Fehlbetrag zusätzlich nochmals in die Förderung des chinesischen Fussballs investieren. Damit sollen vor allem die Transfers von ausländischen Spielern eingegrenzt werden und den einheimischen Spielern mehr Einsatzmöglichkeiten verschafft werden. Ob sich die chinesischen Spieler jedoch tatsächlich weiterentwickeln, wenn sie nur unter sich bleiben, sei dahingestellt und wird sich erst in ein paar Jahren erweisen müssen.

Um genügend Spieler für die heimischen Vereine hervorzubringen und zu entwickeln, sollen in China in den nächsten Jahren 50'000 Fussballschulen entstehen. Im Jahr 2017 waren es erst rund 5'000. In diesen Schulen sollen die zukünftigen Weltmeister aufgebaut werden. Die Junioren werden in den Nachwuchszentren gezielt entwickelt und gefördert. Geld scheint dabei keine Rolle zu spielen. Eine engere Zusammenarbeit soll auch mit den regulären Schulen entstehen. Das chinesische Bildungsministerium hat den Fussball kurzerhand zu einem obligatorischen Schulfach ernannt. Um auf höherem Niveau trainieren und sich beweisen zu können, ging man zudem eine Reihe von Kooperationen mit vorwiegend europäischen Verbänden und Vereinen ein.

Eine dieser Kooperationen ging man mit dem Deutschen Fussball-Bund ein. Die chinesische U20-Nationalmannschaft sollte in der

Saison 2017/18 in die Regionalliga Südwest integriert werden, da mit 19 Teams eine ungerade Anzahl am Ligabetrieb teilnahm und somit jeweils ein Team pro Runde spielfrei war. Gegen dieses Team sollte dann die U20-Nationalmannschaft antreten. Bereits im ersten Spiel zeigte sich jedoch, dass die Chinesen die politischen Interessen vor die sportliche Entwicklung stellen. Während des Spiels wurden durch Aktivisten tibetische Flaggen aufgehängt, was wiederum die chinesischen Spieler dazu veranlasste, den Platz zu verlassen. Da in einem freien Land wie Deutschland ein Verbot von tibetischen Flaggen, wie es von chinesischer Seite verlangt wurde, nicht durchsetzbar ist, war das Projekt auch schnell wieder beendet und die chinesische Delegation reiste wieder ab.

Ein weiteres Beispiel einer Kooperation in Europa ist in Spanien zu finden. Atlético Madrid ist seit dem Jahr 2011 Teil eines Ausbildungsprogramms für chinesische Fussballtalente unter Führung der Wanda Group. Für viel Geld dürfen diese jungen Fussballer in den Juniorenmannschaften des spanischen Spitzenklubs mittrainieren und werden auf hohem Niveau ausgebildet. Die Kooperation mit der Wanda Group hat den Bau von Fussballschulen in China miteingeschlossen. So sollen auch vor Ort in China Fussballer ausgebildet werden und bei erfolgreicher Entwicklung ausgetauscht werden können. Für Atlético Madrid bietet sich so die Möglichkeit, chinesische Talente frühzeitig entdecken zu können und allenfalls den ersten Superstar aus dem Land der aufgehenden Sonne unter Vertrag zu nehmen.

Der Wettbewerb um chinesische Talente oder vielmehr um die Gunst der Sponsorengelder aus China ist gigantisch. So lassen sich mittlerweile die meisten grossen europäischen Vereine auf Kooperationen ein, um am Honigtopf der chinesischen Unternehmen zu partizipieren. Ob dies dann schlussendlich auch für die Entwicklung des chinesischen Fussballs förderlich ist, wird sich erst in ein paar Jahren oder Jahrzehnten zeigen. Spätestens im Jahr 2050 werden wir wissen, ob China seine hochgesteckten Ziele erreicht hat und den Pokal des Weltmeisters in die Höhe stemmen darf.

Die Chinese Super League

Die höchste Liga in China, die Chinese Super League, ist noch sehr jung und existiert erst seit der Saison 2004. Sie ersetzte die zuvor betriebene Jia A League, welche nur ein Jahrzehnt überlebte. Aufgrund eines Korruptionsskandals, welcher den chinesischen Fussball überschattete, zogen sich die meisten Sponsoren zurück. Ein finanzieller Kollaps drohte und die Jia A League wurde aufgelöst. Die Chinese Football Association musste daher, um einen sauberen Neustart zu gewährleisten, eine neue Liga gründen. Deshalb, aber auch um der Professionalisierung einen neuen Schub zu verleihen, wurde die Chinese Super League ins Leben gerufen. Mittlerweile wurde bereits die fünfzehnte Spielzeit abgeschlossen, die Entwicklung zeigt stark nach oben und die internationale Beachtung nimmt kontinuierlich zu.

In der obersten Spielklasse Chinas spielten zunächst zwölf Teams mit. Mittlerweile wurde der Ligabetrieb auf 16 Mannschaften aufgestockt. Gespielt wird die Meisterschaft in der Chinese Super League in einem Kalenderjahr mit Start im März und dem letzten Spieltag im November. Nach 30 Runden im klassischen System mit Hin- und Rückspiel stehen der Meister und die zwei Absteiger fest. Der Meister und der Pokalsieger sind direkt für Champions League der Asian Football Confederation qualifiziert, der Zweite und Dritte haben die Möglichkeit, sich über die Qualifikationsspiele ebenfalls in den Wettbewerb zu spielen. An der AFC Champions League nehmen 32 Vereine aus den 24 stärksten asiatischen Landesverbänden teil.

Rekordmeister der noch jungen Chinese Super League ist Guangzhou Evergrande mit zuletzt sieben Titeln in Serie (2011 - 2017). Erst in der Spielzeit 2018 konnte die Serie endlich mal wieder durchbrochen werden und mit Shanghai SIPG sicherte sich ein neuer Verein den ersten Titel der Vereinsgeschichte.

Die Meister seit Einführung der Chinese Super League		
7 x	Guangzhou Evergrande	2011, 2012, 2013, 2014, 2015, 2016, 2017
3 x	Shandong Luneng	2006, 2008, 2010
1 x	Shanghai SIPG	2018
1 x	Beijing Guoan	2009
1 x	Changchun Yatai	2007
1 x	Dalian Shide	2005
1 x	Shenzhen Football Club	2004

Nachdem die Liga über mehrere Jahre kaum Beachtung fand, ist sie vor allem aufgrund der Finanzkraft heute auch in Europa immer wieder Gesprächsthema in den Medien. Die Klubs aus den europäischen Topligen werden nur so überflutet von Transferangeboten in schwindelerregenden Höhen. Das Geld sitzt locker bei den Klubbesitzern und das Wettbieten um Stars aus Europa nimmt immer groteskere Züge an. So durfte sich der 1. FC Köln im Sommer 2017 über eine stolze Summe von 35 Millionen Euro für Anthony Modeste freuen. Hätten sie den Spieler innerhalb der Bundesliga verkauft, wäre wohl etwa dreimal weniger Geld in die Domstadt geflossen. So zahlungskräftig wie die Chinesen sind in Europa sonst nur die Engländer, welche auch den einen oder anderen Spieler weit über dem tatsächlichen Marktwert einkaufen.

Mit Investitionen in Stars aus Europa wird aber versucht, die Attraktivität der Liga markant zu steigern. Jedoch sollen dadurch die einheimischen Spieler nicht zu kurz kommen und dennoch genügend Einsatzzeit erhalten. Schliesslich will man ja die Nationalmannschaft stärken und zur internationalen Spitze aufschliessen. Daher dürfen jeweils nur drei ausländische Spieler in einem Spiel gleichzeitig eingesetzt werden. Im gesamten Kader dürfen zur selben Zeit lediglich vier Ausländer stehen, wobei man über die gesamte Saison gesehen sechs Lizenzen zur Verfügung hat. Seit der Saison 2018 müssen die Trainer der Super League Vereine für jeden aufgestellten Ausländer auch einen einheimischen U23-Spieler auf dem Platz aufstellen. So soll die Entwicklung der eigenen Jugendspieler weiter vorangetrieben werden.

Der Transferwahnsinn hat seit dem Sommer 2017 ohnehin von selbst ein bisschen abgeschwächt. Gemäss einem Bericht von PwC sollen die Vereine einen kumulierten Schuldenberg von über 500 Millionen Euro aufgebaut haben. Solche Summen stellen natürlich die Nachhaltigkeit der Liga in Frage und bringt die Vereine bei einem Rückzug von Vereinsbesitzern und Investoren schnell zu einem Kollaps. Der Chinesische Fussballverband will dies unbedingt verhindern. Deshalb wurden die Vereine angehalten, nicht mehr Geld auszugeben als sie einnehmen. Also eine Art

Financial Fairplay, wie man es von der UEFA bereits kennt, aber mit drastischeren Strafen. Wird mehr ausgegeben als eingenommen, erhebt der Chinesische Fussballverband eine Steuer von satten 100 Prozent auf die entrichteten Ablösesummen. Die Einnahmen aus dieser Steuer sollen dann wiederum der Nachwuchsförderung zugutekommen. Die Steuer betrifft alle internationalen Transfers ab einem Volumen ab 6,5 Millionen US-Dollar. Bei einheimischen Spielern greift diese Klausel bereits ab rund drei Millionen US-Dollar.

Auf die Saison 2019 wird eine aus dem US-Sport bekannte Gehaltsobergrenze eingeführt, ein sogenannter Salary Cap. Die Gesamtausgaben für Gehälter dürfen demnach die Grenze von 175 Millionen US-Dollar nicht mehr überschreiten. Bis in Jahr 2021 sinkt diese Obergrenze sogar bis auf 130 Millionen US-Dollar. Nicht jeder Verein darf nun aber bis an die Grenze des Salary Caps gehen, denn in der Saison 2019 dürfen die Ausgaben für Löhne maximal 65% der Gesamtausgaben ausmachen, ab der Saison 2021 sind es dann maximal noch 55%. Aber um die Nachhaltigkeit der Liga weiter voranzutreiben, wurden noch weitreichendere Massnahmen beschlossen. So dürfen Investoren in der Saison 2019 nur noch maximal rund 90 Millionen US-Dollar einschiessen, ab der Saison 2021 noch etwas mehr als 40 Millionen US-Dollar. Die Verluste dürfen dann diese Summe von rund 40 Millionen US-Dollar nicht mehr überschreiten. Bei Nichteinhaltung dieser Reglemente drohen den Vereinen Verwarnungen, Punktabzüge oder sogar die Relegation.

Um der Entwicklung der einheimischen Spieler keinen Abbruch zu tun, gelten diese Regelungen nur für die Profiteams. Die Ausgaben für die Nachwuchsabteilungen sind von den Vorschriften ausgenommen. Die Vereine werden also in Zukunft weniger in Europa wildern können, die finanziellen Möglichkeiten wurden von der Liga im Sinne der Nachhaltigkeit kräftig gestutzt.

Als Namenssponsor der Chinese Super League fungiert seit der Saison 2014 die Ping An Insurance. Der Versicherungskonzern gehört zu den grössten Versicherern der Welt und steht damit auf einer Ebene mit renommierten Versicherungen wie die deutsche Allianz oder französische Axa. Die Ping An Insurance verlängerte den ursprünglich bis Ende 2017 laufenden Deal um weitere fünf Spielzeiten bis ins Jahr 2022. Das Namenssponsoring bringt der Liga über die Vertragslaufzeit eine Summe von 145 Millionen US-Dollar ein, also fast 30 Millionen US-Dollar pro Saison. Zudem sind alle Spieler der Chinese Super League bei Verletzungen bei der Ping An Insurance versichert.

Wachsende Erträge versprechen sich die 16 Vereine der Chinese Super League auch von den Fernsehgeldern. Jedoch sind diese aufgrund der Transferrestriktionen vorerst mal nicht gestiegen, sondern sogar gesunken. Der Ligaverband konnte die Rechte für die Spielzeiten von 2016 – 2020 für rund 1,25 Milliarden US-Dollar an China Sports Media verkaufen. Nach der Einführung der Transferrestriktionen wollte China Sports Media jedoch nachverhandeln und den jährlichen Betrag reduzieren, da die Attraktivität der Liga eingeschränkt wurde. Man einigte sich auf eine Verlängerung des Deals um fünf Jahre bis zur Saison 2025, zahlt dafür eine Totalsumme von rund 1,7 Milliarden US-Dollar. Der Betrag sank also um rund einen Drittel, von etwa 250 Millionen US-Dollar auf noch etwa 170 Millionen US-Dollar pro Saison.

Im Vergleich zu den europäischen Topligen sind die Beträge natürlich noch sehr gering. Es würde jedoch nicht erstaunen, wenn der nächste Fernsehdeal schon viel besser dotiert sein wird und die Lücke zur Premier League, Bundesliga oder La Liga wieder ein Stück geschlossen werden kann. Bis dahin müssen sich die Vereine mit zahlungskräftigen Investoren abgeben und mit deren Geld versuchen, weiterhin geschickte Transfers zu realisieren und damit die Liga attraktiver zu machen.

Die Vereine der Chinese Super League im Portrait

Teilnehmer der Chinese Super League Saison 2019:

Beijing Renhe Football Club

Der Verein wurde 1995 ursprünglich in Shanghai unter dem Namen Shanghai Pudong Football Club gegründet. Seither erlebte er eine regelrechte Umsiedlungstour durch das ganze Land und war nach Shanghai auch schon in Shaanxi und Guizhou beheimatet. Erst seit 2016 ist man in Chinas Hauptstadt Peking zu Hause. Besitzer von Beijing Renhe ist die Renhe Commercial Holdings Company Ltd., welche hauptsächlich Shoppingcenter betreibt.

Den grössten Erfolg der Vereinsgeschichte feierte Beijing Renhe im Jahr 2013 mit dem Gewinn des chinesischen FA Cup, dem nationalen Pokalwettbewerb. In der Eröffnungssaison der Chinese Super League belegte man den dritten Schlussrang, was seither die beste Platzierung bedeutete. Durch zwei vierte Plätze kam man immerhin in den Genuss zur Teilnahme an den Gruppenspielen der AFC Champions League. Mit dem Abstieg in die zweithöchste Liga stellte die Saison 2015 dann jedoch den Tiefpunkt der

Vereinsgeschichte dar. Zwei Jahre später gelang der Wiederaufstieg in die Chinese Super League zur Saison 2018.

Der Verein aus der Hauptstadt trägt seine Heimspiele im Beijing Fengtai Stadium aus. Das Stadion bietet Platz für 31'000 Fans.

Tabellenplätze seit Einführung der Chinese Super League:

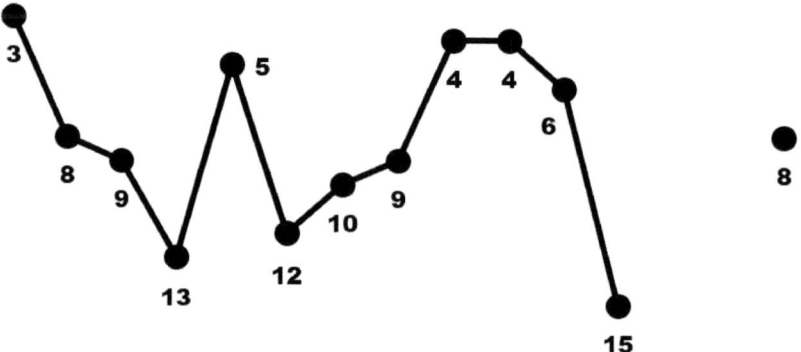

2004 2005 2006 2007 2008 2009 2010 2011 2012 2013 2014 2015 2016 2017 2018

Beijing Sinobo Guoan Football Club

Der Beijing Sinobo Guoan Football Club wurde im Jahr 1992 durch die CITIC Group (China International Trust and Investment Corporation) als professioneller Fussballverein gegründet. Die CITIC Group ist ein staatliches Finanz- und Investmentunternehmen, welches die Entwicklung des Landes bezüglich Infrastruktur, Technologie und der Einführung internationaler wissenschaftlicher Praktiken vorantreibt. Zuvor existierte Beijing Guoan seit den 1950er Jahren als halbprofessionell geführte Fussballmannschaft.

Im Jahr 2009 feierte Beijing Guoan mit dem Gewinn des ersten Meistertitels den grössten Erfolg der Vereinsgeschichte. Zuvor konnte man bereits drei Pokalsiege einfahren (1996, 1997 und 2003). Seit Dezember 2016 hat die Immobiliengesellschaft Sinobo Group die Mehrheit des Vereins übernommen, weshalb der Vereinsname, wie in China üblich, mit dem Firmennamen ergänzt wurde.

Die Heimspiele werden in Peking im Workers Stadium ausgetragen, welches ein Fassungsvermögen von 66'161 Plätzen aufweist.

Gemäss dem Wirtschaftsmagazin Forbes ist der Beijing Sinobo Guoan Football Club der zweitwertvollste Fussballverein in China und kommt auf eine Bewertung von fast 170 Millionen US-Dollar.

Die Topspieler von Beijing Sinobo Guoan sind Renato Augusto, ehemaliger Spieler von Bayer Leverkusen, und Cédric Bakambu, der für rund 40 Millionen Euro vom FC Villarreal nach Peking wechselte. Trainiert wird das Team vom deutschen Coach Roger Schmidt.

Tabellenplätze seit Einführung der Chinese Super League:

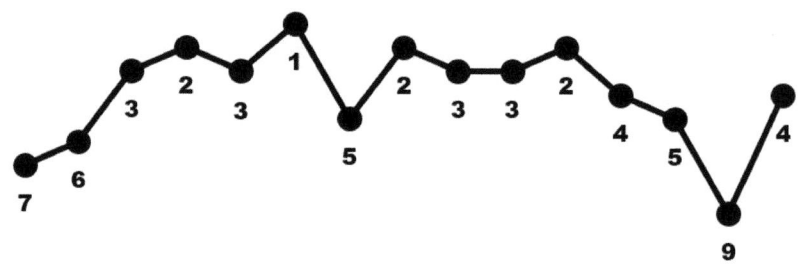

2004 2005 2006 2007 2008 2009 2010 2011 2012 2013 2014 2015 2016 2017 2018

Chongqing Dangdai Lifan Football Club

Der Verein wurde im Jahr 1995 unter dem Namen Qianwei F.C. in Wuhan gegründet. Mit zunehmendem Erfolg und dem Aufstieg in die höchste Spielklasse kam der Umzug nach Chongqing, wo das Interesse am Fussball ungleich höher ist. Und zum Jahrtausendwechsel übernahm dann der lokale Automobilhersteller, die Lifan Group, den Verein. Wie in China üblich ist auch hier der Name Bestandteil des Vereinsnamens. Doch seit Januar 2017 ist auch der Name Dangdai enthalten und prominent auf dem Logo vertreten. Der chinesische Geschäftsmann Jiang Lizhang kaufte zusammen mit der Dangdai International Group 90 Prozent der Vereinsanteile.

Sportlich läuft es dem Verein aus Chongqing seit Einführung der Chinese Super League nicht gerade optimal. Immerhin konnte man nach dem Abstieg im Jahr 2006 bereits zwei Jahre später wieder ins Oberhaus aufsteigen. In der Aufstiegssaison landete man jedoch auf dem letzten Platz und wäre sportlich gesehen bereits wieder abgestiegen. Da aber zwei Teams in Skandale um Spielmanipulationen verwickelt waren, wurden diese beiden Teams zwangsrelegiert und der Chongqing Dangdai Lifan Football Club durfte in der Chinese Super League bleiben. Jedoch nützte dies nicht viel, denn bereits in der folgenden Saison konnte der Abstieg nicht mehr verhindert werden und es folgte eine weitere vierjährige

Periode in der zweithöchsten Liga. Mittlerweile hat man sich im Mittelfeld der Chinese Super League eingefunden. Mit dem neuen Besitzer Jiang Lizhang soll jetzt eine ruhigere Zeit anbrechen und eine nachhaltige Entwicklung erreicht werden. Jiang Lizhang setzt sich für eine gesunde Entwicklung des chinesischen Fussballs ein und investiert vor allem in die Juniorenentwicklung anstatt in teure Transfers.

Die Heimspiele finden im Chongqing Olympic Sports Center statt. Das Fassungsvermögen des Stadions beträgt 58'680 Plätze.

Tabellenplätze seit Einführung der Chinese Super League:

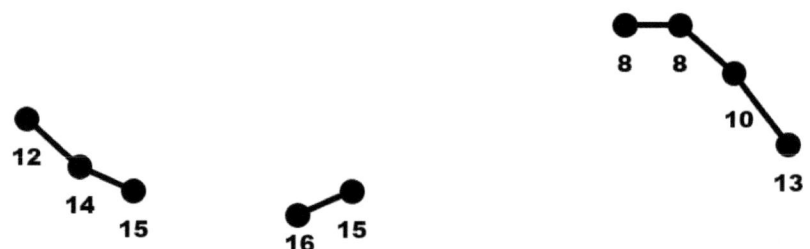

Dalian Yifang Football Club

Der Dalian Yifang Football Club ist ein noch sehr junger Verein. Erst im Jahr 2009 gründete die Dalian Aerbin Group den Verein, welcher dann im Jahr 2015 von der Dalian Yifang Group übernommen und unbenannt wurde. Nicht ganz unbedeutend dabei ist, dass der Hauptanteilseigner der Yifang Group Wang Jianlin ist. Der Gründer der Wanda Group ist bestens in der Sportbranche vernetzt.

Nicht zuletzt dank dem Netzwerk von Wang Jianlin dürfte es gelungen sein, den Belgier Yannick Carrasco von Atlético Madrid in die Hafenstadt Dalian zu locken. Die Wanda Group besass bis vor kurzer Zeit auch Anteile an Atlético Madrid und ist nach wie vor als Sponsor engagiert. Dass der Argentinier Nicolás Gaitán ebenfalls aus der spanischen Hauptstadt zu Dalian Yifang wechselte, bestärkt die Verbindung dieser beiden Vereine. Auf die Saison 2019 gelang dem Dalian Yifang FC mit der Verpflichtung des Slowaken Marek Hamsik vom SSC Napoli ein weiterer Transfercoup.

Die erste Saison spielte man im Jahr 2010 noch in der dritthöchsten Liga Chinas. Mit zwei direkten Aufstiegen gelang es, bereits im Jahr 2012 am Betrieb der Chinese Super League teilzunehmen. Nach zwei erfolgreichen Saisons mit dem jeweils fünften Schlussrang stieg Dalian Yifang in der Saison 2014 jedoch wieder in die China League One ab. Nach drei Saisons in der zweithöchsten Liga spielt der Verein aus Dalian seit 2018 wieder in der Chinese Super League.

Das Dalian Sports Center mit einer Kapazität von 61'000 Plätzen ist die Heimspielstätte von Dalian Yifang. Das Stadion wurde für die China National Games gebaut und im September 2013 eröffnet. Neben dem Fussballstadion stehen unter anderem auch eine Indoor-Halle mit 18'000 Plätzen, ein Tennisstadion mit 9'600 Plätzen, ein Baseballstadion mit 3'000 Plätzen und auch ein Fünf-Sterne Kempinski Hotel.

Tabellenplätze seit Einführung der Chinese Super League:

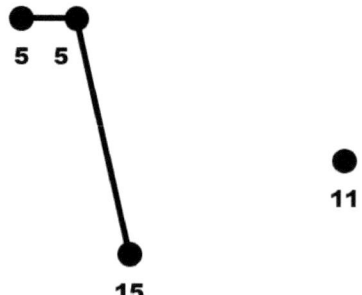

2004 2005 2006 2007 2008 2009 2010 2011 2012 2013 2014 2015 2016 2017 2018

Guangzhou Evergrande Taobao Football Club

Der erfolgreichste Verein seit der Gründung der Chinese Super League im Jahr 2004 mit sieben Meistertiteln in Serie von 2011 bis 2017 ist Guangzhou Evergrande. Gegründet wurde der Verein 1954 unter dem Namen Guangzhou Football Team. Mit der Übernahme durch die Apollo Group im Jahr 1993 hat man als erster chinesischer Verein professionelle Strukturen erhalten.

Nach der Saison 2009 wurde der Verein aus Guangzhou zwangsrelegiert, als bekannt wurde, dass in der Saison 2007 diverse Spiele manipuliert wurden und für Siege Geld bezahlt wurde. Im Jahr 2010 übernahm die Evergrande Real Estate Group den Verein, welche fortan mächtig in diesen investierte. Im Sommer 2014 stieg zudem die Alibaba Group ein und übernahm für rund 190 Millionen US-Dollar die Hälfte des Vereins. Ein Jahr später hat die Alibaba Group jedoch wieder 10% der Anteile verkauft und ist seither Minderheitsaktionärin.

Neben den sieben Meistertiteln gelang es Guangzhou Evergrande in den Jahren 2013 und 2015 als erst zweiter chinesischer Verein die AFC Champions League zu gewinnen.

Die Heimstätte des Klubs ist das Tianhe Stadium, welches Platz für 58'500 Besucher bietet. Den höchsten Zuschauerschnitt erreichte der Verein in der Saison 2014/15, in welcher über 45'000 Fans den Spielen beiwohnten.

Gemäss Forbes ist Guangzhou Evergrande der wertvollste Verein in China und hat einen Wert von über 280 Millionen US-Dollar. Dieser Wert widerspiegelt sich auch bei einem Blick auf die Liste der namhaften Trainer (Marcello Lippi, Felipe Scolari, Fabio Cannavaro) und Spieler (Robinho, Jackson Martinez, Alberto Gilardino oder Lucas Barrios), welche für den Verein tätig waren oder noch sind. Auf die Saison 2019 verpflichtete man für 42 Millionen Euro den Brasilianer Paulinho vom FC Barcelona.

Tabellenplätze seit Einführung der Chinese Super League:

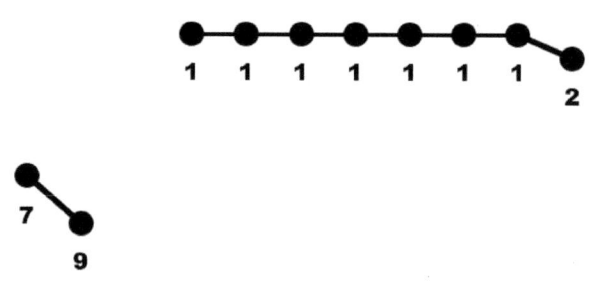

2004 2005 2006 2007 2008 2009 2010 2011 2012 2013 2014 2015 2016 2017 2018

Guangzhou R&F Football Club

Der zweite Verein aus Guangzhou ist ungleich kleiner als der grosse Rivale Evergrande und steht auch klar in dessen Schatten. Jedoch haben die Blue Lions erst seit 2011 ihre Heimat in Guangzhou gefunden, als die R&F Properties den Verein übernahm. Ursprünglich fand die Vereinsgründung im Jahr 1986 in Shenyang statt und man war zwischenzeitlich auch schon in Changsha und Shenzhen domiziliert.

Den grössten Erfolg der Vereinsgeschichte feierte der Guangzhou R&F Football Club im Jahr 2014 mit dem dritten Schlussrang und der damit verbundenen Qualifikation für die Playoffs zur AFC Champions League. Diese haben die Blue Lions auch überstanden und qualifizierte sich für die Gruppenphase. In dieser schied man folglich aber chancenlos aus.

Das Yuexiushan Stadium mit 18'000 Zuschauerplätzen ist aktuell das kleinste Stadion aller Vereine der Chinese Super League. Da keine teuer eingekauften Stars im Kader sind, besuchen im Schnitt aber auch weniger als 10'000 Fans die Spiele des Guangzhou R&F Football Club.

Bekanntester Spieler im Kader ist der Belgier Mousa Dembélé, welcher im Januar 2019 von Tottenham nach Guangzhou wechselte. Star des Teams ist aber der israelische Internationale Eran Zahavi. Mit seinen 27 Toren in der Spielzeit 2017 sorgte er fast im Alleingang für den tollen fünften Schlussrang. Und auch in der Saison 2018 zeigte sich Zahavi mit 20 Treffern weiterhin sehr treffsicher.

Tabellenplätze seit Einführung der Chinese Super League:

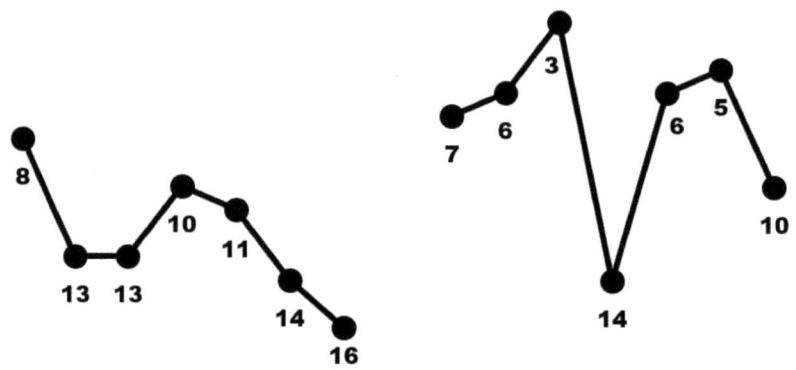

2004 2005 2006 2007 2008 2009 2010 2011 2012 2013 2014 2015 2016 2017 2018

Hebei China Fortune Football Club

Hebei China Fortune wurde erst im Jahr 2010 gegründet und startete in der dritthöchsten Spielklasse in China. Seit der Saison 2016 ist man bereits Teilnehmer der Chinese Super League und gehört bereits zu den wertvollsten Vereinen in China. Grund dafür ist der Besitzer des Vereins, die China Fortune Land Development, welche diesen im Januar 2015 übernommen hat. Gründer des Unternehmens ist Wang Wenxue, dessen Vermögen auf über vier Milliarden US-Dollar geschätzt wird.

Daher verwundert es auch nicht, dass nach dem Aufstieg in die Chinese Super League mit dem Ivorer Gervinho (Jahressalär betrug rund 10 Millionen Euro, spielt mittlerweile aber wieder in Europa bei Parma in der Serie A) und dem Argentinier Ezequiel Lavezzi (Jahressalär rund 14 Millionen Euro) zwei teure Stars aus europäischen Klubs verpflichtet wurden. Ziel des Klubs ist es, so schnell wie möglich den Anschluss an die Spitze zu finden und um den Titel mitzuspielen. Zudem soll man sich regelmässig für die AFC Champions League qualifizieren.

Im ersten Jahr erreichte Hebei China Fortune bereits den siebten Platz und toppte dies im darauffolgenden Jahr sogar mit dem vierten Schlussrang. Auf die Spielzeit 2018 gelang mit der

Verpflichtung von Javier Mascherano ein erneuter Transfercoup. Mascherano spielte zuvor fast acht Jahre beim FC Barcelona.

Der Verein aus Qinhuangdao in der Provinz Hebei trägt seine Heimspiele im Olympic Sports Center Stadium aus. Das Stadion bietet Platz für 33'500 Zuschauer.

Tabellenplätze seit Einführung der Chinese Super League:

2004 2005 2006 2007 2008 2009 2010 2011 2012 2013 2014 2015 2016 2017 2018

Henan Jianye Football Club

Der Verein aus Zhengzhou wurde bereits 1958 gegründet und wird seit dem Jahr 1994 als professioneller Fussballklub geführt. Im Januar 1999 hat die Jianye Residential Group China den Verein übernommen und in die Chinese Super League geführt. In der Saison 2007 spielte man erstmalig in der neuen höchsten Spielklasse Chinas.

Die sportlichen Erfolge von Henan Jianye blieben bis auf zwei Ausreisser nach oben jedoch sehr überschaubar. Das beste Endergebnis wurde von den Red Devils in der Saison 2009 mit dem dritten Schlussrang erzielt. Dieser ermöglichte immerhin die bisher einzige Teilnahme an AFC Champions League, in welcher man jedoch bereits nach der Gruppenphase ausschied. In der Spielzeit 2012 stieg Henan Jianye dann auch mal aus der Chinese Super League ab. Seit dem direkten Wiederaufstieg spielt man jedoch Jahr für Jahr und den Ligaerhalt.

Die Mannschaft kommt ohne grosse Stars aus, der Hauptteil besteht aus chinesischen Spielern. Mit Baoshan Wang steht auch ein chinesischer Trainer an der Seitenlinie des Henan Jianye Football Club.

Das Stadion von Henan Jianye, das Zhengzhou Hanghai Stadium, besitzt ein Fassungsvermögen von 30'000 Plätzen.

Tabellenplätze seit Einführung der Chinese Super League:

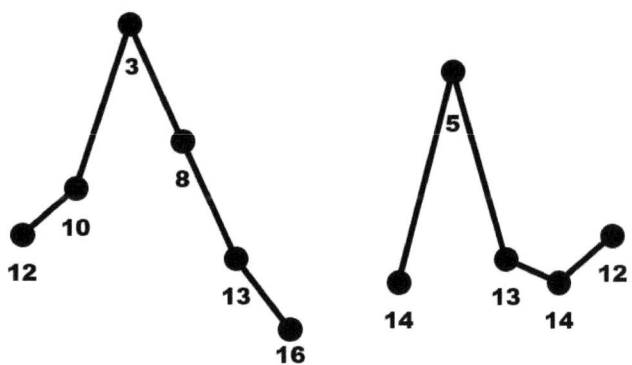

2004 2005 2006 2007 2008 2009 2010 2011 2012 2013 2014 2015 2016 2017 2018

Jiangsu Suning Football Club

Der Jiangsu Suning Football Club aus Nanjing wurde im Jahr 1958 gegründet. Wie viele Vereine in China ist man seit 1994 als professioneller Fussballklub organisiert, stieg aber bereits im ersten Jahr in die zweite Liga ab. Erst seit der Saison 2009 spielt Jiangsu Suning wieder erstklassig. Seit dem Jahr 2016 ist das Elektronikunternehmen Suning Appliance Group Besitzer des Vereins. Das Unternehmen gehört zur Suning Gruppe, welche seit Sommer 2016 auch Hauptaktionär des italienischen Traditionsvereins Inter Mailand ist.

Seit Einführung der Chinese Super League wurde Jiangsu Suning bisher zweimal Vizemeister (2012 und 2016). Die Dominanz von Guangzhou Evergrande stand dem Höhepunkt der Vereinsgeschichte, dem Gewinn des Meistertitels, jedoch noch im Weg. Immerhin konnte man im Jahr 2015 den chinesischen Pokal gewinnen, den Chinese FA Cup.

Im Sommer 2017 konnte man mit der Verpflichtung des italienischen Startrainers Fabio Capello einen Coup landen. Auch wenn dieser mittlerweile seine Trainerkarriere beendet hat, konnte man damit für internationales Aufsehen sorgen. Den Spielerkader verstärkte man mit den Verpflichtungen der Brasilianer Ramires und Alex Teixeira ebenfalls sehr prominent. Seit der Saison 2018 spielt auch Eder, mehrfacher italienischer Internationaler, beim Team aus Nanjing.

Der Jiangsu Suning Football Club hat das Nanjing Olympic Sports Center als Heimspielstätte. Das Stadion bietet Platz für 61'400 Zuschauer.

Tabellenplätze seit Einführung der Chinese Super League:

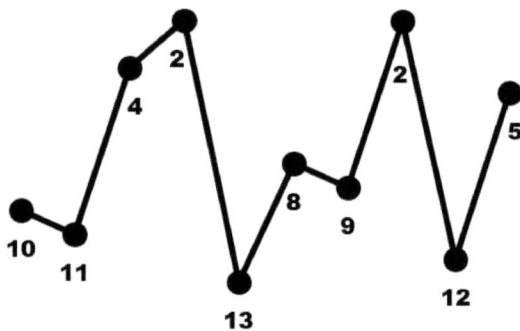

2004 2005 2006 2007 2008 2009 2010 2011 2012 2013 2014 2015 2016 2017 2018

Shandong Luneng Taishan F.C.

Den Verein aus Jinan in der Provinz Shandong gibt es seit 1956 und er gehört zu den erfolgreichsten Vereinen in China. Seit Einführung der Chinese Super League konnte der Shandong Luneng Taishan F.C. bereits dreimal den Gewinn der Meisterschaft feiern (2006, 2008 und 2010). Dazu kommt ein Titel im Jahr 1999 in der damaligen Jia-A League und insgesamt fünf Pokalsiege im Chinese FA-Cup. Durch die guten Resultate in der Meisterschaft ist man auch regelmässiger Teilnehmer der AFC Champions League. Weiter als in die Viertelfinals reichte es allerdings bisher nicht (2005 und 2016).

Der Klub ist im Besitz der Luneng Group, welche im Immobilienbusiness tätig ist und vor allem Hotels, Einkaufszentren oder Bürokomplexe entwickelt. Die Gruppe gehört zur State Grid Corporation of China und ist damit im Besitz des Staates.

Bei Shandong Luneng spielten trotz der erfolgreichen Jahre lange keine Superstars. Bis Ende 2017 wurde der Verein von Felix Magath trainiert. Bekanntester und teuerster Spieler war lange Zeit der Italiener Graziano Pellè, welcher im Jahr 2016 von Southampton verpflichtet wurde. Auf die Saison 2019 wurde mit dem Belgier Marouane Fellaini erstmals ein europäischer Superstar verpflichtet. Fellaini soll in bei Shandong Luneng jährlich etwa 12 Millionen Euro Gehalt kassieren, was etwa dem Doppelten entspricht, was Manchester United bezahlte.

Als fünftwertvollster Verein Chinas trägt Shandong Luneng seine Heimspiele im Jinan Olympic Sports Center Stadium aus, das 56'800 Zuschauern Platz bietet.

Tabellenplätze seit Einführung der Chinese Super League:

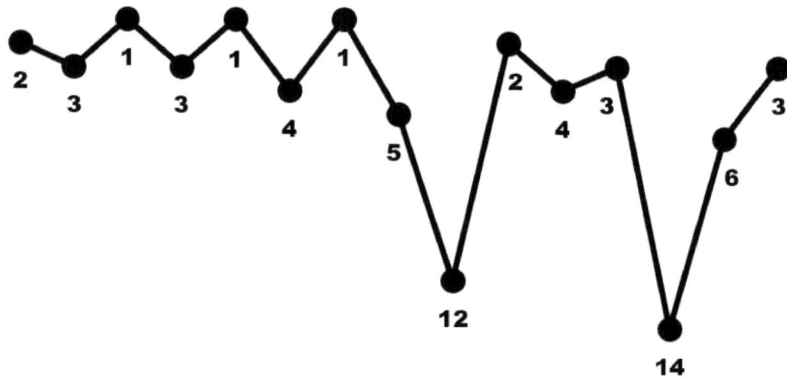

2004 2005 2006 2007 2008 2009 2010 2011 2012 2013 2014 2015 2016 2017 2018

Shanghai Greenland Shenhua F.C.

Der Shanghai Greenland Shenhua Football Club hat eine weitaus turbulentere Vereinsgeschichte als viele andere vorzuweisen. Seit der Gründung im Jahr 1951 spielt man bis auf eine Saison durchgehend in der obersten Spielklasse und konnte da auch den einen oder anderen Titel gewinnen. Den letzten Titel gewann man in der letzten Saison vor Einführung der Chinese Super League im Jahr 2003. Durch einen Manipulationsskandal wurde dieser Titel wieder entzogen. Danach spielte man zwar regelmässig an der Spitze mit, jedoch reichte es nie mehr zu einem Titelgewinn. Immerhin war man regelmässiger Teilnehmer an der AFC Champions League, in welcher man in der Saison 2006 sogar bis in die Viertelfinals vorstossen konnte.

Shanghai Greenland ist in Kangqiao beheimatet, einem Vorort von Shanghai. Seit 2014 ist der Verein im Besitz der Greenland Group. Wie viele Besitzer von Fussballvereinen in China ist auch dieses Unternehmen im Immobiliengeschäft tätig.

Der Verein kommt arbeitet vorwiegend mit einheimischen Spielern und gibt nicht sehr viel Geld für Transfers aus. Mit dem Paraguayer Oscar Romero und den Kolumbianern Giovanni

Moreno und Fredy Guarin hat man immerhin drei Nationalspieler ihrer Länder im Kader.

Der Shanghai Greenland Shenhua F.C. spielt im Hongkou Football Stadium. Das eher kleinere Stadion bietet Platz für 33'000 Zuschauer.

Tabellenplätze seit Einführung der Chinese Super League:

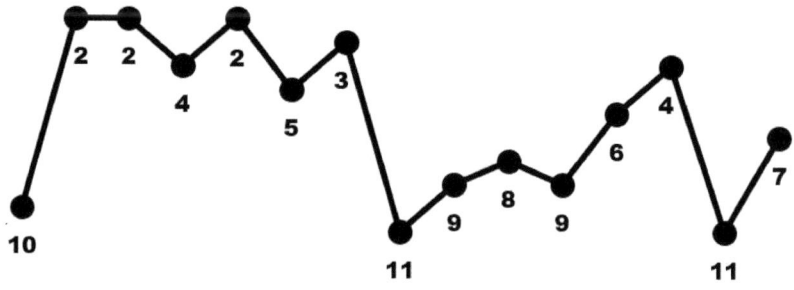

2004 2005 2006 2007 2008 2009 2010 2011 2012 2013 2014 2015 2016 2017 2018

Shanghai SIPG F.C.

Einer der wenigen in Europa bekannten Vereine ist der Shanghai SIPG F.C., welcher jedoch erst seit 2005 existiert. Seit 2013 spielt der Verein nun in der Chinese Super League und man hat es auf Anhieb geschafft, den Anschluss an die Spitze zu erlangen. Seit Ende 2014 ist die Shanghai International Port Group (SIPG) Besitzer des Vereins. Zuvor war das Unternehmen bereits als Hauptsponsor beim Verein aus Shanghai engagiert.

Nur aufgrund der Dominanz von Guangzhou Evergrande blieb Shanghai SIPG über die ersten Jahre in der Chinese Super League der Titel verwehrt. In der Saison 2018 gelang es dann endlich die Serie des Serienmeisters zu durchbrechen und den Pokal nach Shanghai zu holen.

Durch die guten Leistungen in der Chinese Super League durfte man bereits mehrfach an der AFC Champions League teilnehmen. Auch in diesem Wettbewerb präsentierte sich der Shanghai SIPG F.C. sehr stark. In der Saison 2017 drang man bis in die Halbfinals vor, nachdem im Viertelfinale mit Guangzhou Evergrande der grosse Rivale aus der heimischen Liga ausgeschaltet wurde. In den Halbfinals schied man dann jedoch gegen die Japaner von Urawa Red Diamonds sehr knapp aus.

Der rasche sportliche Aufstieg hat natürlich sehr stark mit den finanziellen Möglichkeiten des Vereins zu tun. Seit der Übernahme durch die Shanghai International Port Group wurde sehr viel Geld in den Verein investiert und Spieler wie Oscar oder Hulk verpflichtet. Bereits nach wenigen Jahren in der Chinese Super League ist man zu einem der wertvollsten Vereine der Liga aufgestiegen.

Shanghai SIPG trägt seine Heimspiele im Shanghai Stadium aus, welches ein Fassungsvermögen von 56'800 Plätzen aufweist.

Tabellenplätze seit Einführung der Chinese Super League:

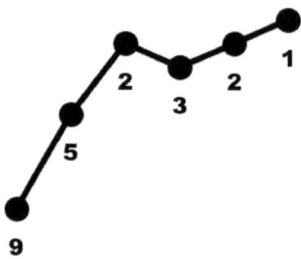

2004 2005 2006 2007 2008 2009 2010 2011 2012 2013 2014 2015 2016 2017 2018

Shenzhen Football Club

Der Shenzhen Football Club wurde im Jahr 1994 unter dem heutigen Namen gegründet. Jedoch hat er in seiner kurzen Vereinsgeschichte schon sehr viele Namenswechsel aufgrund verschiedener Klubbesitzer durchgemacht. Seit der Saison 2015 heisst der Verein jedoch wieder Shenzhen Football Club. Der Klub machte eine schwierige Zeit durch und verbrachte sieben Saison in der League One, der zweithöchsten Spielklasse des Landes. In der Saison 2018 klassierte sich der Shenzhen FC jedoch auf dem zweiten Platz, was den Aufstieg in die Chinese Super League bedeutete.

Nun ist man also wieder zurück in der Liga, in der alles so perfekt begann. Nach Einführung der Chinese Super League im Jahr 2004 konnte man auf Anhieb den Meistertitel feiern, damals noch unter dem Namen Shenzhen Jianlibao. In der Folge lief es jedoch auf nationaler Ebene gar nicht mehr, man spielte jedes Jahr gegen den Abstieg, welcher dann in der Saison 2011 auch Tatsache wurde. Einzig in der AFC Champions League konnte man in der Spielzeit 2005 mit dem Einzug in die Halbfinals nochmals ein Ausrufezeichen setzen.

Im Besitz ist der Shenzhen Football Club seit April 2016 von der Kaisa Group, einer Investmentgesellschaft mit Sitz in Hong Kong.

Die Kaisa Group ist vorwiegend im Bau- und Immobiliensektor tätig, aber auch in den Bereichen Tourismus, Transport oder eben Sport investiert.

Nach dem Aufstieg in die Chinese Super League verzichtete der Verein aus Shenzhen auf teure Transfers und Investitionen in grosse Namen. Der teuerste Spieler ist der norwegische Nationalspieler Ole Selnaes, welcher im Februar 2019 von AS St.-Etienne für rund fünf Millionen Euro verpflichtet wurde.

Die Heimspiele trägt man im Shenzhen Universiade Sports Center aus, welches Platz für 60'334 Fans bietet.

Tabellenplätze seit Einführung der Chinese Super League:

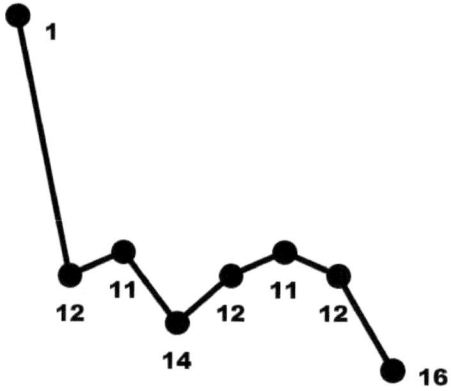

2004 2005 2006 2007 2008 2009 2010 2011 2012 2013 2014 2015 2016 2017 2018

Tianjin Tianhai Football Club

Der Tianjin Tianhai Football Club wurde erst im Jahr 2006 gegründet und gehört damit zu den jüngsten Vereinen der Chinese Super League. Die Saison 2017 war dann auch die erste in der obersten chinesischen Spielklasse. Als Aufsteiger konnte man die Saison auch sogleich auf dem dritten Rang abschliessen. Bei der in der darauffolgenden Saison 2018 erstmaligen Teilnahme an der AFC Champions League schaltete Tianjin Tianhai in den Achtelfinals den grossen Ligakonkurrenten Guangzhou Evergrande aus und scheiterte erst in den Viertelfinalpartien am japanischen Team von Kashima Antlers. In der zweiten Spielzeit in der höchsten chinesischen Liga reichte es dann jedoch nur noch zu Rang 9.

Besitzer des Klubs war von 2015 bis Januar 2019 die Quanjian Nature Medicine Group, welche im Gesundheits- und Kosmetiksektor tätig ist. Die Ambitionen mit dem Verein und im chinesischen Fussball hat das Unternehmen sehr schnell nach dem Einstieg angemeldet. Mit den Verpflichtungen von Spielern wie Pato, Axel Witsel oder Anthony Modeste hat Tianjin Tianhai ein grosses Ausrufezeichen gesetzt.

Jedoch wurde der Besitzer des Unternehmens und somit auch des Vereins, Shu Yuhui, im Januar 2019 verhaftet. Der Verein wird nun vom lokalen Fussballverband in Tianjin geführt. Mittlerweile haben Axel Witsel und Anthony Modeste den Verein wieder in Richtung Europa und Borussia Dortmund bzw. 1. FC Köln verlassen.

Tianjin Tianhai spielt im Haihe Educational Football Stadium mit 30'000 Plätzen. In der Premierensaison in der höchsten chinesischen Spielklasse besuchten im Schnitt immerhin rund 25'000 Zuschauer die Heimspiele. Von einer solchen Auslastung können die meisten Vereine im chinesischen Profifussball nur träumen.

Tianjin TEDA Football Club

Wie viele Vereine wurde auch der Tianjin TEDA Football Club in den 1950er Jahren gegründet (1951) und 1993 professionalisiert. Auch Tianjin TEDA machte in der Vereinsgeschichte bis heute verschiedene Namenswechsel durch. Seit der Saison 1998 heisst der Verein nun aber Tianjin TEDA Football Club und ist im Besitz der vom Staat kontrollierten TEDA Holding aus Tianjin.

Seit Einführung der Chinese Super League spielte der Verein jeweils vorwiegend im Mittelfeld mit und erreichte im Jahr 2010 die Vizemeisterschaft. Ein Jahr später konnte man sogar den FA Cup gewinnen. Nach diesen zwei erfolgreicheren Saisons landete man aber wieder im Mittelfeld der Liga, ohne weitere nennenswerte Erfolge. Immerhin resultierten aus den teilweise sehr guten Rangierungen drei Teilnahmen an der AFC Champions League.

Das Team von Trainer Uli Stielike spielt denn auch ohne grosse Namen und Stars im Kader. Auf die Saison 2019 hin wechselte der Deutsche Sandro Wagner für rund fünf Millionen Euro von Bayern München nach Tianjin.

Das Tianjin Olympic Center Stadium mit einer Kapazität von 54'700 Plätzen ist die Heimspielstätte des Klubs aus der Hafenstadt.

Tabellenplätze seit Einführung der Chinese Super League:

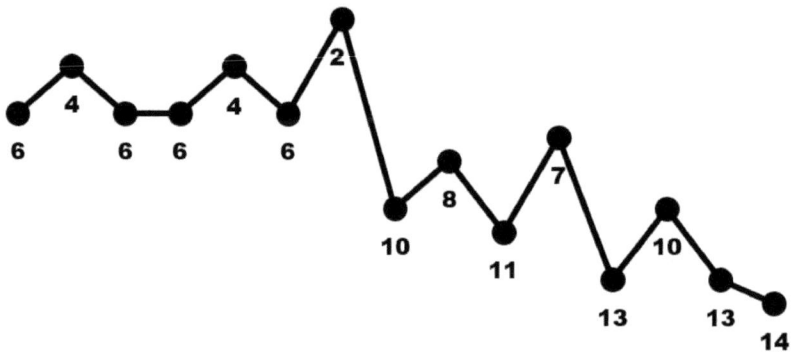

2004 2005 2006 2007 2008 2009 2010 2011 2012 2013 2014 2015 2016 2017 2018

Wuhan Zall Football Club

Der Wuhan Zall Football Club gehört zu den jüngsten Vereinen der Chinese Super League. Er ging erst im Jahr 2009 aus dem Vorgängerverein Wuhan Guanggu hervor, welcher sich nach einem Streit mit dem Chinesischen Fussballverband aus dem Ligabetrieb zurückzog und in der Folge auflöste. Starten durfte Wuhan Zall in der dritthöchsten Spielklasse, der League Two. Gleich in der ersten Saison gelang der Aufstieg in die League One, gefolgt vom erstmaligen Aufstieg in die Chinese Super League in der Saison 2012. Jedoch stieg der Verein aus der Hauptstadt der Provinz Hubei sogleich wieder ab und ist erst seit der Saison 2019 wieder Mitglied der höchsten Spielklasse in China.

Die Zall Group übernahm im Dezember 2011 den Verein. Im Jahr 2015 verkaufte die Gruppe den Verein an die vom Vorsitzenden privat geführte Wuhan Zall Development Holding Co. Ltd.

Bisher wurde, anders als bei anderen Vereinen, nicht sehr viel Geld in die Mannschaft investiert. Star der Mannschaft ist der Brasilianer Leo Baptistão, welcher im Januar 2019 für rund sechs Millionen Euro von Espanyol Barcelona nach China wechselte. Ansonsten wird hauptsächlich auf junge chinesische Spieler gesetzt, verstärkt min ein paar günstigen ausländischen Akteuren.

Das Dongxihu Sports Center ist aktuell das Heimstadion von Wuhan Zall. Es bietet Platz für 30'000 Zuschauer.

Schwindelerregende Summen locken die Stars nach China

So richtig los ging es in den ersten Wochen des Jahres 2016. Als erster Klub in China hat Hebei China Fortune den europäischen Fussballmarkt aufgemischt, als es gelang, zwei grosse Namen zu verpflichten. Mit dem Ivorer Gervinho von der AS Roma und vor allem dem Argentinier Ezequiel Lavezzi von Paris Saint-Germain verzeichnete der Verein aus Hebei zwei Transfercoups. Für Gervinho bezahlte man fast 20 Millionen Euro an Ablöse und dazu ein Gehalt von etwa zehn Millionen Euro netto. Wie der Ivorer über die Medien verlauten liess, bekam er zum bereits stattlichen Gehalt auch noch eine Einsatzprämie von 60'000 Euro pro Spiel und 150'000 Euro pro erzielten Treffer obendrauf. Sein Teamkollege Ezequiel Lavezzi soll gar fast 30 Millionen Euro pro Saison kassieren, so viel wie er bei keinem europäischen Verein bekommen hätte.

Mittlerweile hat sich die Transferschwemme von Europa nach China wieder etwas gelegt. Verschiedene regulatorische Eingriffe der Liga und des Verbandes haben die Aktivitäten der Vereine eingeschränkt. Aber auch die finanzielle Situation der Teams aus der Chinese Super League hat sich aufgrund der exzessiven Transferpolitik verschlechtert und der Spielraum für weitere Millionentransfer ist nicht mehr im gleichen Umfang vorhanden. Dennoch häuften sich die Stars in der Chinese Super League an, es hat in den Jahren 2016 und 2017 ein regelrechtes Wettrüsten um grosse Namen stattgefunden. Star um Star packte seine sieben Sachen und schloss sich einem Team der Chinese Super League an. Der Lockruf eines gut dotierten Vertrags war in vielen Fällen einfach zu gut, um es auszuschlagen.

Ebenfalls ein Vorreiter der Wechselbewegung nach China ist der Brasilianer Hulk, der von Zenit St. Petersburg zu Shanghai SIPG wechselte. Die Ablösesumme lag bereits zum damaligen Zeitpunkt in einer Höhe, die wohl kein europäischer Verein für einen Spieler der Kategorie Hulk ausgegeben hätte. Aber Shanghai SIPG legte rund 56 Millionen Euro auf den Tisch und stattete den Spieler überdies mit einem Jahressalär von rund 20 Millionen Euro aus. Kurz darauf folgten ihm diverse weitere Spieler aus Europa, welche dem Lockruf des Geldes aus China nicht standhalten konnten. Unter anderem schnappte sich Jiangsu Suning den Brasilianer Alex Texeira für rund 50 Millionen Euro und von Chelsea holte man obendrauf noch Ramires für rund 30 Millionen Euro. Der Italiener Graziano Pelle wechselte von Southampton für 15 Millionen Euro und ein Gehalt in gleicher Höhe zu Shandong Luneng. Guangzhou Evergrande sicherte sich die Dienste des Kolumbianers Jackson Martinez (42 Millionen Euro). Da die sportlichen Leistungen jedoch nicht den Erwartungen entsprachen löste Guangzhou Evergrande den Vertrag im März 2018 auf.

In der Transferzeit vor der Saison 2017 ging es dann erneut hoch zu und her. Die beiden Stars von Chelsea London, der Brasilianer Oscar und der Nigerianer John Obi Mikel, wechselten ins Reich der Mitte. Oscar verliess den Londoner Verein, welcher ja auch nicht gerade knapp bei Kasse ist, für eine Ablösesumme von rund 71 Millionen Euro in Richtung Shanghai zu SIPG und vergoldet da seine Karriere mit einem Nettolohn von über 1,6 Millionen

Euro - pro Monat. Sein damaliger Teamkollege John Obi Mikel schloss sich Tianjin Teda an und verdiente monatlich über 600'000 Euro.

Für grosses Aufsehen und vielerorts für Unverständnis sorgte der Transfer von Carlos Tevez zu Shanghai Greenland Shenhua im Januar 2017. Nur ein bisschen mehr als ein Jahr vor diesem Transfer kehrte Tevez in seine Heimat Argentinien zurück und wechselte von Juventus Turin zu den Boca Juniors. Damals begründete Tevez den Wechsel mit seinen Heimatgefühlen und damit, endlich wieder seine Sprache sprechen zu wollen, anstelle von Englisch oder Italienisch. Juventus Turin entsprach diesem persönlichen Wunsch und liess ihn für eine lächerliche Summe von etwas mehr als 5 Millionen Euro ziehen. Kein europäischer Verein hätte den Argentinier für diesen Schnäppchenpreis erhalten. Die Liebe zu seinem Jugendverein war dann aber schnell erloschen und das Heimweh doch nicht so stark, als das Angebot von Shanghai Greenland Shenhua hereinflatterte. So soll Carlos Tevez in Shanghai an die 40 Millionen Euro pro Saison kassiert haben. Nach einem Jahr in China hatte Tevez wieder genug und löste seinen Millionenvertrag auf. Die Boca Juniors nahmen ihn wieder auf.

Ebenfalls überrascht hat der Transfer des Belgiers Axel Witsel von Zenit St. Petersburg zum Tianjin Tianhai Football Club im Januar 2017. Im Alter von 28 Jahren, also im besten Fussballeralter, wechselte Witsel trotz Angeboten von europäischen Topvereinen wie Juventus Turin nach China. Auch hier ist die Kohle das springende Argument gewesen, denn in Europa hätte der belgische Nationalspieler auch bei den Spitzenklubs aus den Topligen nicht ein jährliches Einkommen von etwa 18 Millionen Euro erreicht. Aber dieses Beispiel zeigt sehr gut auf, dass nicht nur Altstars auf das Karriereende hin nach China wechseln, sondern auch talentierte Spieler, welche in Europa noch nicht den Zenit erreicht haben. Axel Witsel konnte sein sportliches Niveau halten, spielte eine überzeugende Weltmeisterschaft im Sommer 2018 und wechselte danach zurück nach Europa zu Borussia Dortmund.

Als der Brasilianer Alexandre Pato im Jahr 2007 zur AC Mailand wechselte, galt er als das nächste Jahrhunderttalent. Der Verein aus der Modemetropole Italiens schien sich den nächsten grossen Superstar geangelt zu haben. Der ganz grosse Durchbruch blieb aber durch immer wiederkehrende Verletzungen aus. Pato wechselte in die Heimat zu den Corinthians São Paulo. Es folgten nochmals zwei Abenteuer in Europa bei Chelsea und dann zum Schluss beim FC Villarreal in Spanien, bis dann das Angebot von Tianjin Quanjin ins Haus flatterte. Pato nahm das Angebot an, wechselte für 18 Millionen Euro nach China und erhöhte seine Gehaltszahlungen auf sechs Millionen Euro pro Saison.

Nach zwei sehr turbulenten Jahren mit unzähligen Transfers in schwindelerregender Höhe kam dann, wie eingangs erwähnt, doch ein bisschen Ruhe in die ganze Geschichte rein. Die Transferregulierungen und Ausländerbeschränkungen der Liga machten es für verschiedene Vereine unmöglich, weiterhin teure Spieler aus Europa zu verpflichten. So begnügte sich beispielsweise Jiangsu Suning mit dem Italo-Brasilianer Éder von Inter Mailand und bezahlte dafür lediglich fünf Millionen Euro. Im Vergleich zu den Summen aus den beiden Vorjahren ein sehr geringer Betrag.

Allerdings liess man sich bei den Gehaltsverhandlungen nicht lumpen. Éder soll über 13 Millionen Euro pro Saison verdienen. Hebei China Fortune sicherte sich ebenfalls im Januar 2018 die Dienste des langjährigen Stars vom FC Barcelona, dem Argentinier Javier Mascherano. Da er nicht mehr oft in der Startformation stand konnte auch er für eine verhältnismässig tiefe Ablösesumme von rund 10 Millionen Euro transferiert werden.

Eine für Aufsehen erregende Geschichte ereignete sich im Winter 2018 dann aber doch noch. Altético Madrid verkaufte, offenbar in der Not, Transfererlöse generieren zu müssen, zwei Spieler an den Dalian Yifang Football Club. Der zu diesem Zeitpunkt erst 24-jährige Belgier Yannick Carrasco brachte den Madrilenen 30 Millionen Euro ein, der Argentinier Nico Gaitán zusätzliche 18 Millionen Euro. Wohl nicht ganz zufällig haben beide beteiligte Vereine Verbindungen zu Wang Jianlin, dem Gründer der Wanda Group.

Im Januar 2019 kam dann wieder ein bisschen mehr Bewegung in den chinesischen Transfermarkt. Ein paar Vereine waren wieder in der Lage und auch gewillt, grosse Summen auszugeben. Allen voran will der erstmals seit sieben Jahren geschlagene Serienmeister Guangzhou Evergrande wieder an die Spitze vorpreschen und demonstrierte seine finanziellen Möglichkeiten mit den Verpflichtungen der beiden Brasilianer Paulinho und Talisca. Für Paulinho bezahlte man rund 42 Millionen Euro an den FC Barcelona und für Talisca bekam Benfica Lissabon eine Ablösesumme von rund 20 Millionen Euro gutgeschrieben. Aber auch der Dalian Yifang Football Club investierte 20 Millionen

Euro in einen grossen Namen. Vom SSC Neapel wechselte der Slowake Marek Hamsik nach China und darf sich nun über ein Jahresgehalt von neun Millionen Euro freuen. Sogar eine Million mehr pro Saison soll der Belgier Marouane Fellaini nach seinem Transfer von Manchester United zu Shandong Luneng kassieren. Als Ablöse dürften zudem rund zwölf Millionen Euro nach England geflossen sein. Auch Mousa Dembélé (von Tottenham zu Guangzhou R&F) und Sandro Wagner (vom FC Bayern München zu Tianjin TEDA) konnten gegen Ende ihrer Karriere dem Geld aus China nicht widerstehen.

Nach wie vor ist im chinesischen Fussball sehr viel Geld vorhanden. Es dürfte eine Frage der Zeit sein, bis der nächste Verein eine Lücke zu füllen hat und sich in Europa nach einem Star umsehen wird. Mit dem Wechsel von Axel Witsel nach Dortmund hat sich aber auch gezeigt, dass jüngere Spieler früher oder später doch wieder die sportlichen Ambitionen den finanziellen Reizen voranstellen.

Lukrativer chinesischer Markt für europäische Vereine

Die Wachstumsgrenze für europäische Vereine scheint auf dem hiesigen Markt langsam aber sicher erreicht. Vor allem die Rekordeinnahmen bei den Fernsehgeldern scheinen das Maximum erreicht zu haben. Die Suche nach neuen Einnahmequellen bringt immer mehr Vereine in die asiatischen Märkte, hauptsächlich natürlich in das Reich der Mitte.

In erster Linie profitierten die europäischen Klubs in den letzten Jahren durch die exorbitant hohen Transfersummen, welche von China nach Europa überwiesen wurden. Die Vereine der Chinese Super League haben mit dem Geld nur so um sich geworfen, um möglichst viele Stars für die heimische Liga zu gewinnen. Auch wenn die erste grosse Welle an teuren Transfers ein bisschen eingedämmt scheint, so kann man durchaus davon ausgehen, dass die Chinesen in Zukunft weiterhin grosse Namen in ihre Liga locken werden. Und das aktuell einzige Argument, einen Wechsel von Europa nach China zu vollziehen, ist nun mal das Geld und nicht die sportliche Perspektive.

Aber auch auf politischer Ebene werden die Voraussetzungen geschaffen, um den Fussball beider Kontinente zusammenrücken zu lassen. So haben die deutsche und die chinesische Regierung eine Vereinbarung unterzeichnet, welche beide Länder zur Zusammenarbeit im Fussball verpflichtet. Die Kooperation stellt eine Grundlagenvereinbarung dar, welche Abkommen auf Staatsebene, aber auch zwischen dem Deutschen Fussball Bund (DFB), der Deutschen Fussball Liga (DFL), dem chinesischen

Bildungsministerium und dem Chinesischen Fussballverband beinhalten. Neben dem regelmässigen Austausch auf allen Ebenen sollen auch Entwicklungsmassnahmen getroffen werden, welche dem chinesischen Fussball helfen, die nächsten Schritte zu gehen. So soll neben der Entwicklung von Spielern auch der Ausbildung von Trainern und Schiedsrichtern eine wichtige Rolle zukommen.

Auf strategischer Ebene versuchen die europäischen Vereine in China Fuss zu fassen, zu gross und lukrativ ist der Markt. Im Sommer 2016 haben der Hamburger SV und SIPG aus Shanghai einen Kooperationsvertrag unterschrieben. Die Kooperation soll hauptsächlich den Wissensaustausch fördern und beide Vereine sportlich voranbringen. Die Jugendakademie in Shanghai soll langfristig aufgebaut werden. Was auf den ersten Blick sehr nach einem einheitlichen Profit für den Vertreter aus der Chinese Super League aussieht, bietet dem Hamburger SV ebenfalls wesentliche Vorteile. Durch den Austausch ist man in stetem Kontakt mit Verantwortlichen, welche den chinesischen Markt kennen und zu nutzen wissen, sei es für den Gewinn von neuen Sponsoren oder der Steigerung der Bekanntheit und damit höheren Merchandisingeinnahmen. Zudem wird es als Kooperationspartner wesentlich einfacher, einen allfälligen zukünftigen Superstar aus der Akademie nach Hamburg zu holen.

Schalke 04 absolvierte im Sommer 2018 die Saisonvorbereitung in China und soll für öffentliche Trainings und Testspiele rund drei Millionen Euro als Gage erhalten haben. Weitaus lukrativer ist die Zusammenarbeit mit dem Hebei China Fortune Football Club.

Der Austausch auf Nachwuchsstufe soll dem Verein aus Gelsenkirchen 25 Millionen Euro einbringen.

Auch der FC Bayern München vermarket sich in China auf sehr professionelle Art und Weise. Im September 2016 eröffnete der Verein ein Büro in Shanghai, um mit sechs Mitarbeitern ein Netzwerk aufzubauen und die Internationalisierung der Marke voranzutreiben. Zudem wurden in Qingdao, in Shenzhen und in Taiyuan je eine FC Bayern Football School eröffnet. Man hat bei Bayern München das Potenzial erkannt, vor allem auch in finanzieller Hinsicht. So stellte Uli Hoeness unlängst fest: «Wenn wir dann am Samstag wahrscheinlich um 14 Uhr spielen, damit in Shanghai oder Peking zur Primetime live übertragen werden kann, drücken 300 Millionen Chinesen auf ihr iPhone und zahlen je einen Euro. Dann können Sie sich etwa vorstellen, wo die Reise hingeht». Auch wenn man davon doch noch einen grossen Schritt weit entfernt ist, macht diese Aussage klar, dass der chinesische Markt riesiges Potenzial bietet. Und dieses Potenzial will von den Vereinen auch abgeschöpft werden.

Aber nicht nur in Deutschland sind Kooperationen mit China an der Tagesordnung. Auch spanische und englische Vereine arbeiten intensiv an der Expansion nach China und gehen Partnerschaften ein. Bereits im Jahr 2011 ging beispielsweise Real Madrid eine Kooperation mit Guangzhou Evergrande ein. Einerseits um die Bekanntheit und Beliebtheit in China zu steigern, andererseits aber auch, um möglichst frühzeitig an die Talente aus China ranzukommen. Aus diesem Grund wurde ein Austausch zwischen den Nachwuchsspielern der beiden Vereine vereinbart. So sollen jeweils rund 25 chinesische Jugendspieler gleichzeitig von Real Madrid ausgebildet werden. Um nicht gegen FIFA-Reglemente zu verstossen und in Verdacht zu geraten, minderjährige Spieler zu transferieren, werden diese offiziell nicht von Real Madrid betreut, sondern sind an der Universität von Madrid untergebracht und ausgebildet. Auch der Stadtrivale Atlético Madrid mischt im Geschäft um Jugendspieler aus China kräftig mit. Durch die Kooperationen mit der Wanda Group besehen beste Kontakte ins Reich der Mitte.

Mit der Premier League und der Chinese Super League kooperieren auch die Ligen untereinander. Die Chinesen sollen von der Professionalität im Ligasystem der Briten, der Jungendarbeit oder dem Schiedsrichterwesen profitieren. Die englischen Vereine sollen im Gegenzug vereinfacht Spiele in China organisieren können und Unterstützung bei Marketingaktivitäten erhalten.

Der beliebteste europäische Verein in China ist unangefochten Manchester United. Mit ihrem eigenen TV-Kanal hat der Premier League Klub auch sehr früh auf den chinesischen Markt gesetzt, was sich mit Blick auf die Sponsorenliste ausbezahlt macht. Erst im Frühjahr 2018 brachte man einen mehrjährigen Deal mit dem Versicherungs- und Finanzdienstleistungsunternehmen Ping An in trockene Tücher. Mit diesem und den weiteren Partnern aus China wie Mlily, Aland, Uni President, The Hong Kong Jockey Club, PCCW oder Sina Sports setzt Manchester United bereits jetzt mehrere Millionen jährlich um, Tendenz steigend. Im Januar 2019 gab der Premier League Klub zudem bekannt, dass man in China eine Reihe von Unterhaltungszentren eröffnen möchte, um den Fans den Verein noch näher zu bringen. Die Zentren sollen Erlebniswelten werden, in welchen die Chinesen die Geschichte und Erfolge des Vereins kennenlernen können. Aber natürlich will man dabei auch Geld verdienen und integriert in Unterhaltungszentren Restaurants und Fanshops.

Der Weg von Manchester United wird weiterführen, noch längst ist das ganze Potenzial nicht ausgeschöpft. Und auch die anderen Vereine werden die Bestrebungen im Reich der Mitte intensivieren und um ihre Anteile kämpfen. Bei 1,3 Milliarden Einwohnern und potenziellen Fans und Konsumenten natürlich auch nachvollziehbar. Die aktuell eingegangenen Kooperationen zur Förderung des chinesischen Fussballs sind zwar ehrenhaft, aber ohne die finanziellen Reize würden die Vereine solche Programme nicht mitmachen. Die Türen sollen dadurch geöffnet werden, die Türen zu mehr Popularität und mehr Verkäufen von Fanartikeln. Und je öfters die Chinesen bei Spielen europäischer Ligen das Fernsehgerät einschalten, je mehr werden die Ligen für die Übertragungsrechte verlangen können.

Die Wanda Group wird zum Machtzentrum des Sports

Die Wanda Group hat sich in den letzten Jahren zu einem grossen Player im nationalen und internationalen Sport gemausert. Ursprünglich hat der von Wang Jianlin im Jahr 1988 gegründete Mischkonzern vorwiegend Immobilien gehandelt. Mittlerweile gehören Unternehmen aus der Unterhaltungsindustrie, Themenparks, Reiseunternehmen oder auch Kaufhäuser zum Portfolio der Wanda Group. Die Gruppe ist aber auch der grösste Kinobetreiber in China und hat im Jahr 2012 die Nummer zwei auf dem amerikanischen Kinomarkt, die AMC Entertainment, für rund 2,6 Milliarden US-Dollar gekauft. Im Jahr 2016 übernahm man dann zusätzlich die Filmproduktionsgesellschaft Legendary Pictures für rund 3,5 Milliarden US-Dollar. Legendary Pictures produzierte unter anderem bekannte Filme wie Jurassic Parc, Godzilla, die Hangover-Trilogie oder auch Batman. Und auch der Grossangriff im Sportbusiness blieb nicht aus.

Im Januar 2015 stieg Wang Jianlin mit 20% beim spanischen Spitzenklub Atlético Madrid ein. Die Wanda Group bezahlte für diesen Anteil eine Summe von 45 Millionen Euro.[3] Auch wenn diese Beteiligung anfangs 2018 wieder abgestossen wurde, so ist die Wanda Group dem Verein aus der spanischen Hauptstadt nach wie vor sehr verbunden. Man übernahm im Dezember 2016 als Sponsor die Namensrechte des neuen Stadions und soll dafür zusätzlich rund 10 Millionen Euro pro Saison hinblättern.

---

[3] (Club Atlético de Madrid, 2015)

Für Wang Jianlin absolut kein Problem. Er gehört gemäss Forbes zu den reichsten Chinesen und besitzt rund 25 bis 30 Milliarden US-Dollar. Und die Beteiligung an einem europäischen Spitzenklub war noch lange nicht alles. Wang Jianlin hat sich mittlerweile einen festen Namen in der Sportbranche gemacht und weitere lukrative Investments getätigt.

Im Februar 2015 folgte die bisher teuerste und einflussreichste Investition in den Sport. Für über eine Milliarde Euro kaufte Wanda die Sportrechteagentur Infront Sports & Media AG aus der Schweiz. Damit gingen zu diesem Zeitpunkt rund 160 Rechtepakete in 25 Sportarten wie Fussball, Eishockey, Ski Alpin, Basketball, Handball oder Volleyball an die Chinesen. Die Infront Sports & Media AG hatte zu diesem Zeitpunkt Vertretungen in 13 Ländern und ermöglichte der Wanda damit auf einen Schlag eine globale Ausbreitung. Gerade im Fussball bestehen sehr lukrative Partnerschaften wie beispielsweise mit der FIFA, dem DFB, dem italienischen Fussballverband, der Serie A oder auch Vereinen wie Inter Mailand, AC Mailand, Werder Bremen und 1. FC Köln.[4] Gerade die Verbindungen zu den Mailänder Traditionsvereinen dürften die Übernahmen der Vereine durch Chinesen nicht negativ beeinflusst haben.

Die Übernahmewelle rollte jedoch auch danach unaufhaltsam weiter. Im August 2015 wurde bekannt gegeben, dass die Wanda Group die World Triathlon Corporation (WTC) für 650 Millionen US-Dollar übernimmt. Die WTC ist vor allem bekannt für die

---

[4] (Infront Sports & Media AG, 2015)

Marke IRONMAN bzw. der Durchführung von über 130 Rennen pro Jahr auf der ganzen Welt.[5]

Auch im Wintersport rüsten die Chinesen derzeit massiv auf und mit dabei an vorderster Front ist auch wieder die Wanda Group. Im Hinblick auf die Olympischen Winterspiele 2022 in Peking sollen in China 240 neue Skipisten erstellt werden, die Zahl der Wintersportler soll von sechs auf 300 Millionen steigen. Um ganzjährig Skifahren zu können baute die Wanda Group eine Skihalle mit sechs Pisten und Platz für über 3000 Besucher. Selbstverständlich bietet die Anlage auch Hotels, Einkaufsmöglichkeiten, Kinos oder eine Indoor-Eisfläche. Die Kosten für das riesige Projekt beliefen sich auf über fünf Milliarden Euro.[6]

Aber auch der nationale Fussball ist der Wanda Group ein Anliegen. Da die Nationalmannschaft international nicht mithalten kann und die alle vier Jahre stattfindende Weltmeisterschaft in der Regel ohne China stattfindet, hat man im Jahr 2017 den China Cup ins Leben gerufen. Durch dieses Turnier soll China in den Genuss kommen, sich gegen Topnationen messen zu können und damit die notwendige Erfahrung auf internationalem Niveau zu sammeln.

Das Ziel, endlich wiedermal an einer Weltmeisterschaft teilzunehmen, wird also auf verschiedenen Ebenen sehr fokussiert angegangen. Auch da spielt die Wanda Group als mittlerweile

---

[5] (Wanda Group, 2015)
[6] (Pertsch, 2017)

internationaler Player auf dem Sportmarkt eine zentrale Rolle. Um dies zu untermauern und um die guten Beziehungen zur FIFA längerfristig zu pflegen, wurde die Wanda Group im Jahr 2016 einer der sieben Hauptsponsoren des Fussballweltverbandes. Mit diesem Schachzug verschafft man sich direkten Draht zu den Entscheidungsträgern bei der FIFA und erkauft sich Goodwill, wenn es denn mal darum gehen wird, eine WM nach China zu vergeben. Vielleicht schon für die Austragung der WM 2030?

Die Wanda Group als Rettungsanker für Atlético Madrid

Wie bereits aus dem Kapitel über die Wanda Group hervorging, spielt Atlético Madrid eine nicht ganz unbedeutende Rolle für die Chinesen. Aber auch umgekehrt profitiert Atlético Madrid sehr stark vom Engagement der Chinesen im europäischen Fussball.

Wie man seit den Enthüllungen um Football Leaks durch den SPIEGEL weiss, musste Atlético Madrid einiges an Geld auftreiben, um nicht von der vorhandenen Schuldenlast erdrückt zu werden. Der Schuldenberg soll sich bereits auf über 500 Millionen Euro angehäuft haben. Atlético Madrid hat als eine der Massnahmen die Transferrechte von über zwanzig Spielern an die Investorengruppe Quality Football verkauft. So habe man für rund 1,5 Millionen Euro 40% der Transferrechte an Saùl Níguez verkauft, obwohl der Spieler zu diesem Zeitpunkt eine vertragliche Ausstiegsklausel von 45 Millionen Euro besass. Nach der Vertragsverlängerung im Jahr 2016 wurde diese Summe gar auf rund 80 Millionen Euro erhöht. Sollte also ein Verein Interesse an Saùl Níguez bekunden und ihn aus dem Vertrag herauskaufen wollen, so würden über 30 Millionen Euro an die Investoren von Quality Football fliessen. Hinter der Firma Quality Football, welche mit Transfers von Atlético Madrid also sehr viel Geld verdienen kann, stehen übrigens Peter Kenyon, ehemaliger Geschäftsführer von Manchester United, und Jorge Mendes, einer der erfolgreichsten Spielerberater der Welt. Er betreut unter anderen den Superstar Cristiano Ronaldo. Überdies habe Atlético Madrid auch von Koke einen Teil der Transferrechte verkauft. Für 30% dieser Rechte habe der Verein rund drei Millionen Euro erhalten. Koke hat angeblich eine Ausstiegsklausel von 150

Millionen Euro. Weshalb nicht einfach einer dieser Spieler verkauft wurde, bleibt das Geheimnis der Madrilenen.

Wohl genau zum richtigen Zeitpunkt kommen dann die Chinesen der Wanda Group ins Spiel. Im Januar 2015 hat der Verein für rund 45 Millionen Euro 20% der Vereinsanteile abgegeben.[7] Kapital, welches die Spanier wohl sehr gut gebrauchen konnten. Der Deal mit der Wanda Group beinhaltete aber auch eine Kooperationsvereinbarung mit dem Ziel zur Förderung des chinesischen Fussballs. So wurde beschlossen, dass in Madrid ein Nachwuchszentrum gebaut wird. In diesem Zentrum sollen auch chinesische Jungtalente ausgebildet werden.

Zudem plante Atlético Madrid zu diesem Zeitpunkt den Umzug in ein neues, moderneres Stadion für fast 300 Millionen Euro. Auch da dürfte die Wanda Group unterstützend mitgewirkt haben. Zumindest haben sie jedoch die Namensrechte für das Stadion für zehn Jahre übernommen und überweisen dafür rund zehn Millionen Euro pro Saison. Das Wanda Metropolitano Stadium fasst Platz für 68'000 Zuschauer und wird im Jahr 2019 Austragungsort des UEFA Champions League Finals sein.

Mittlerweile ist die Wanda Group nicht mehr Anteilseigner von Atlético Madrid. Im November 2017 hat die Quantum Pacific Group des Israeli Idan Ofer für 50 Millionen Euro 15% am Verein aus der spanischen Hauptstadt gekauft und diesen Anteil nur kurz später auf 35% erhöht.[8] Im Februar 2018 wurde bekannt gegeben,

---

[7] (Club Atlético de Madrid, 2015)
[8] (Club Atlético de Madrid, 2017)

dass die Quantum Pacific Group den 20% Anteil der Wanda Group übernommen habe. Dieser Deal hat jedoch keinen Einfluss auf den Sponsoringdeal zwischen Atlético Madrid und der Wanda Group. Man sei weiterhin bestrebt, die enge Zusammenarbeit weiterzugehen und sowohl das Ausbildungsprogramm für chinesische Fussballer als auch die Weiterentwicklung der Marke Atlético Madrid in China weiterzuführen.

Chinas Feldzug über Mailand

Sie kommen auf zusammen 35 nationale Meistertitel, elf nationale Pokalsiege und zehn UEFA Champions League Siege. Beide prägten den italienischen Fussball wie wenige andere und blicken auf eine über hundertjährige Tradition im italienischen und europäischen Klubfussball zurück. Und doch war das Image beider Vereine im Jahr 2016 stark angekratzt, die sportlichen Leistungen lassen seit längerer Zeit zu wünschen übrig. Die AC Mailand und Inter Mailand sind zu diesem Zeitpunkt auf der Suche nach alter Stärke und wollen sich neu erfinden. Und da kommt das immer grösser werdende Interesse der Chinesen am europäischen Fussball wie gerufen. Die Einstiege der Chinesen bei beiden Mailänder Traditionsvereinen löste eine Art Erdbeben im italienischen Fussball aus. Die damit verbundenen Millioneninvestitionen sind bei den Klubverantwortlichen zwar mehr als willkommen. Bei den Fans überwiegen die Skepsis und Ablehnung gegenüber den Investoren aus China, und wohl auch die Angst vor der Ungewissheit über die Zukunft des eigenen Vereins.

Im Juni 2016 übernahm die Suning Holdings Group die Mehrheit an Inter Mailand. Für rund 270 Millionen Euro erhielt die chinesische Gesellschaft 69% der Vereinsanteile. Die restlichen 31% der Anteile verblieben bei der International Sports Capital um den indonesischen Geschäftsmann und Präsidenten von Inter Mailand, Erick Thohir.[9] Für das Elektronikunternehmen Suning soll die Expansion in Europa durch die grössere Bekanntheit

---

[9] (F.C. Internazionale Milano, 2016)

vorangetrieben werden, im Gegenzug soll Inter Mailand wieder zu alter Stärke zurückfinden und wieder regelmässiger Teilnehmer der UEFA Champions League werden. Mittelfristig soll auch die Dominanz von Juventus Turin in der heimischen Liga durchbrochen und der Scudetto in die Höhe gestemmt werden. In der Chinese Super League besitzt das Unternehmen bereits den Jiangsu Suning Football Club.

Beim Stadtrivalen AC Mailand änderten die Besitzverhältnisse nur kurze Zeit später, als ebenfalls die Chinesen zugriffen und den Verein übernahmen. Dabei übernahm die Rossoneri Sport Investment Lux im April 2017 den Verein zu 99,93%. Die chinesische Investmentfirma von Li Yonghong bezahlte rund 520 Millionen Euro an die Fininvest, die Firma des früheren italienischen Ministerpräsidenten Silvio Berlusconi. Zusätzlich zum vereinbarten Kaufpreis wurden Schulden in der Höhe von 220 Millionen Euro übernommen. [10] Da Li Yonghong offenbar zu diesem Zeitpunkt bereits Mühe hatte, das benötigte Geld aufzubringen, lieh er sich rund 300 Millionen Euro von einem amerikanischen Investmentfonds. Der Kauf war somit also in trockenen Tüchern und die chinesische Vorherrschaft in Mailand besiegelt.

Das erste Mailänder Derby nach den Besitzerwechseln im Frühling 2017 wurde dann auch entsprechend zelebriert. Damit in China alle dieses Spiel live miterleben konnten, wurde das Spiel kurzerhand auf Samstag 12:30 Uhr angesetzt. Zur chinesischen TV-Primetime versteht sich.

---

[10] (AC Milan, 2017)

Beide Vereine scheinen sich durch die Millionen aus China sportlich wieder stabilisiert zu haben. Zumindest zeigen die Leistungskurven langsam wieder nach oben und in der Spielzeit 2018/19 kämpfen beide Teams um die Champions League Plätze.

Die nachhaltig langfristige Situation sieht bei der AC Mailand aber nicht so rosig aus wie gewünscht. Nur ein Jahr nach dem Einstieg von Li Yonghong geriet dieser in Verzug bei der Rückzahlung des Darlehens an den amerikanischen Investmentfonds Elliott Management Corporation. Da die vereinbarten Tranchen nicht beglichen wurden, übernahm die Elliott Management Corporation um den Geschäftsmann Paul Singer die Anteile und war neuer Besitzer der AC Mailand. Ob diese an einem längerfristigen Engagement in der italienischen Modemetropole interessiert sind, darf wohl eher bezweifelt werden. Eher ist zu vermuten, dass man auf der Suche nach einem neuen Käufer ist und die Besitzverhältnisse in naher Zukunft wieder neu verteilt werden. Anscheinend sollen bereits amerikanische Investoren ihr Interesse angemeldet und erste Angebote auf den Tisch gelegt haben. Aber auch eine arabische Investorengruppe soll an einer Minderheitsbeteiligung interessiert sein und damit noch mehr Millionen nach Mailand bringen. Die Anteile am Verein dürften also auch in Zukunft noch das eine oder andere Mal den Besitzer wechseln.

Nachdem die AC Mailand wieder ohne chinesische Investoren auskommt, ist Inter Mailand mittlerweile zu hundert Prozent in chinesischer Hand. Der indonesische Minderheitseigner Erick

Thohir hat im Januar 2019 seinen Anteil von 31% an die LionRock Capital verkauft.[11] Die LionRock Capital ist eine in Hong Kong domizilierte Investmentgesellschaft. Für die Minderheitsbeteiligung an Inter Mailand soll die Gesellschaft rund 150 Millionen Euro investiert haben.

---

[11] (F.C. Internazionale Milano, 2019)

Suning – der neue grosse Name im Sportbusiness

Neben der Wanda Group entwickelt sich ein zweiter chinesischer Konzern zu einem globalen Player im internationalen Sportbusiness. Der Elektronikhandelskonzern Suning Holdings Group führt seit einigen Jahren eine Sparte im Bereich Sport, die Suning Sports Group. Der Konzern erwirtschaftet einen jährlichen Umsatz von über 80 Milliarden US-Dollar.

In China besitzt die Suning Group den Jiangsu Suning Football Club aus Nanjing, wie unschwer am Namen erkennbar ist. Dafür bezahlte das Unternehmen im Dezember 2015 rund 80 Millionen US-Dollar. Mit diesem Engagement unterstrich der Elektronikkonzern seine Ambitionen im Sportbereich und legte den Grundstein für weitere Aktivitäten. Zudem war es ein Bekenntnis zum Fussball in China, wie es zu dieser Zeit auch von anderen reichen Chinesen mit ihren Unternehmen gemacht wurde.

Für mehr Aufsehen sorgte dann im Jahr 2016 der Kauf der Mehrheit an Inter Mailand. Mit diesem Engagement kam man endgültig auch auf dem europäischen Markt an. Bereits zwei Jahre zuvor war Suning der erste chinesische Sponsor des FC Barcelonas. Jedoch ist man mit dem Kauf eines Serie A Klubs auf einer ganz anderen Stufe im Sportbusiness angekommen. Man hat auch darüber nachgedacht, die fehlenden 31% an Inter Mailand ebenfalls zu übernehmen, damit der Verein komplett in eigener Hand ist. Schlussendlich hat man mit der LionRock Capital jedoch einen finanzstarken Investor an Land geholt, welcher den

Minderheitsanteil vom bisherigen Eigner, Erick Thohir, übernommen hat.

Neben den Engagements bei den beiden eigenen Fussballklubs ist die Suning Group auch sehr stark an den TV-Übertragungsrechte für den chinesischen Markt beteiligt. So hat man sich über den firmeneigenen Streamingdienst PPTV die Rechte gesichert an der englischen Premier League, der spanischen La Liga, der deutschen Bundesliga und der italienischen Serie A. Aber auch die UEFA Champions League und UEFA Europa League überträgt man in China exklusiv und besitzt zudem die Rechte an der heimischen Chinese Super League.

Vor allem die englische Premier League hat mit PPTV das grosse Los gezogen. Sonst schon mit Geld überhäuft bekommt die Premier League ab der Saison 2019/20 zusätzlich über 700 Millionen US-Dollar für drei Saisons für die Übertragungsrechte in China. Im Vergleich dazu bekommen die Bundesliga und La Liga mit rund 50 Millionen US-Dollar pro Spielzeit um ein Mehrfaches weniger.

Die Suning Group kann es sich leisten, mit hohen Summen den Einstieg ins Sportbusiness zu erkaufen. In China ist die Gruppe, welche erst 1990 gegründet wurde, das zweitgrösste private Unternehmen In die Suning Sports sind Unternehmen wie die Goldman Sachs, Alibaba oder auch Evergrande investiert. Mit den Aktivitäten im europäischen Fussball erreicht der Elektronikkonzern zudem einen höheren Bekanntheitsgrad, welcher zur Expansion der eigenen Elektronik- und

Haushaltsmarke beitragen soll. Und dies ist Bestandteil des Plans des Vorsitzenden Zhang Jindong, dem auch rund 25% an Suning gehören.

In Zukunft soll in China vermehrt in die Produktion von TV-Shows, News oder Videos investiert werden. Zu diesem Zweck ging man eine Zusammenarbeit mit einer Tochtergesellschaft von China Mobile ein. Um ein komplettes Paket im Bereich Sport anbieten zu können, plant die Suning zudem auch die Eröffnung von über 150 Einzelhandelsgeschäften für den Verkauf von Sportartikeln und Merchandisingprodukten von Fussballvereinen der ganzen Welt. Der chinesische Fussballfan soll von Suning alles bekommen, was das Fussballherz begehrt, von Fanartikeln hin bis zu den Sportübertragungen an den Bildschirmen zu Hause.

Manchester City holt die Chinesen ins Boot

Seit 2008 gehört Manchester City dem Scheich Mansour Bin Zayed Al Nahyan. Er gehört zur Herrscherfamilie des Emirats Abu Dhabi. Sein Bruder, Chalifa bin Zayid Al Nahyan, ist Präsident der Vereinigten Arabischen Emirate sowie Emir und Premierminister von Abu Dhabi. Nach ihm benannt ist auch das höchste Gebäude der Welt, der Burj Khalifa in Dubai.

Für etwa 400 Millionen US-Dollar löste Scheich Mansour Bin Zayed Al Nahyan den thailändischen Vorbesitzer Thaksin Shinawatra ab. Und dazu kommen Investitionen in Spieler von weiteren hunderten von Millionen dazu. Eigentlich ein Fass ohne Boden, aber bei den finanziellen Möglichkeiten des Scheichs trotzdem nicht der Rede wert. Dennoch gelang ihm im Jahr 2015 ein wohl genialer Schachzug. Er verkaufte 13,79% an der City Football Group Limited, über welche er den Fussballverein Manchester City besitzt, an die Investorengruppe China Media Capital (CMC).[12] Für diesen geringen Anteil bezahlten die Chinesen in etwa 400 Millionen US-Dollar, also etwa genau den Betrag, für welchen Scheich Mansour Bin Zayed Al Nahyan den Verein sieben Jahre zuvor übernahm. Er hat es somit also geschafft, den Wert der City Football Group Limited innert weniger Jahre auf über 3 Milliarden US-Dollar zu steigern.

Die China Media Capital ist eine private Beteiligungsgesellschaft, welche erst im Jahr 2009 gegründet wurde. Die Gesellschaft investiert vor allem in den Sektoren Kultur, Technologie, Sport,

---

[12] (Manchester City FC, 2018)

Medien, Unterhaltung und Konsum und tut dies vorwiegend ausserhalb von China.

Und durch den Deal mit den Chinesen eröffnen sich auch für Manchester City neue Möglichkeiten, um international noch stärker zu wachsen und gerade in China an Popularität zu gewinnen. Bereits jetzt ist Manchester City nach Manchester United und Liverpool der drittpopulärste Verein im asiatischen Raum, noch vor Chelsea, Arsenal oder den Tottenham Hotspurs. Und gerade durch den Deal mit China Media Capital erhofft man sich, die Lücke zu den beiden Spitzenreitern in den nächsten Jahren noch weiter zu schliessen. So unterhält die City Football Group Büros in Singapur, Tokio, Melbourne und eben jetzt auch in China. Zudem ging man Partnerschaften mit über fünfzehn asiatischen Topmarken ein, um das Image und den Bekanntheitsgrad weiter zu erhöhen.

Für die Chinesen hingegen ist der Einstieg in die City Football Group Limited ein ebenso strategisch kluger Schachzug. Dieser gehört nämlich nicht nur Manchester City, sondern eine ganze Reihe an Fussballvereinen auf der ganzen Welt. Neben dem englischen Topverein Manchester City gehören auch New York City und Melbourne City zum Portfolio dazu. Weitere Minderheitsbeteiligungen hält man am japanischen Verein Yokohama F. Marinos, dem uruguayischen Club Atletico Torque sowie dem spanischen Verein Girona FC. Zudem betreibt die Gesellschaft Fussballakademien und ist aktiv im Bereich eSports.[13]

---

[13] (City Football Group, 2018)

Seit anfangs des Jahres 2019 ist die City Football Group nun auch in China angekommen und hat einen Verein übernommen. Mit dem Drittligisten Sichuan Jiuniu soll nun auch der chinesische Markt vor Ort beackert werden und das Netzwerk der Gruppe erweitert werden. Und durch dieses internationale Geflecht an Investments und Aktivitäten profitieren die Chinesen natürlich von immensem Knowhow und vielen Möglichkeiten, ihre eigenen Interessen einzubringen und voranzutreiben.

Die Alibaba Group entdeckt das Sportbusiness

Der Staatspräsident Xi Jinping hat eine klare Vision. China qualifiziert sich baldmöglichst für eine FIFA-Weltmeisterschaft. Und um dieses Ziel zu erreichen, sollen sich auch alle im Land dafür engagieren. So erstaunt es auch nicht, dass auch die Alibaba Group mitmischt. Und seit September 2015 sogar mit einem eigenen Unternehmen innerhalb der Alibaba Group. Die Alisports, wie das Unternehmen benannt wurde, setzt sich zum Ziel, die Sportindustrie voranzutreiben und Weiterentwicklungen in den Bereichen E-Commerce, Medien, TV-Übertragungen, Cloud Computing, Big Data und Finanzdienstleistungen zu prägen. Damit soll das Sportbusiness auf ein neues Level gehievt werden.

Bereits ein Jahr vor der Gründung von Alisports hat die Alibaba Group die Hälfte des chinesischen Spitzenvereins Guangzhou Evergrande übernommen und dafür rund 190 Millionen US-Dollar hingeblättert. Ein Jahr später wurde ein Teil der Beteiligung bereits wieder abgegeben, jedoch bleibt die Alibaba Group um den Gründer Jack Ma mit fast 40% Anteilseigner am Serienmeister der Chinese Super League.

Auch bei der FIFA ist die Alibaba Group mittlerweile engagiert. Kurze Zeit nach der Gründung von Alisports wurde bekannt gegeben, dass man mit der Sparte Alibaba E-Auto Partner der FIFA Klub Weltmeisterschaft wird. Mit dieser Partnerschaft gelang ein wichtiger Schritt in der Globalisierung des Konzerns und der Öffnung von China aus in die restliche Welt. Auch mit der Alibaba Cloud, einem neuen Unternehmensteil im Bereich Cloud

Computing, ist man präsent. Ein weiteres wichtiges Ziel der Partnerschaft ist es, die Klub Weltmeisterschaft in China auszutragen und damit das Land wieder ein Stück näher an den internationalen Fussball anzubinden. Reformationspläne von FIFA-Präsident Infantino führen jedoch dazu, dass anfangs 2019 noch nicht feststeht, wann und wo und mit welchem Modus das Turnier stattfinden soll. Es dürfte jedoch nicht verwundern, wenn als Gastgeber die Chinesen zum Zug kämen. Um das Engagement im Fussball zu komplettieren ist man zudem eine Partnerschaft mit der UEFA für die Europameisterschaften 2020 und 2024 eingegangen. Der Deal soll dem europäischen Fussballverband rund 200 Millionen US-Dollar einbringen.

Aber auch in andere Sportarten drängt sich Alisports rein und entwickelt die Sparte Sport rasant weiter. Sei es der Basketballsport in China, der Skisport in Kooperation mit der FIS oder sogar der Bereich des zukunftsträchtigen E-Sports, die Alisports mischt an verschiedenen Fronten mit. Und auch hier hat es mit der Entwicklung des Sports in China zu tun. So ist beispielsweise die Kooperation mit der FIS auf die Olympischen Spiele 2022 in Peking ausgelegt. China will bis zu diesem Grossereignis über 300 Millionen Chinesen für Wintersport begeistern und die Voraussetzungen für tolle olympische Spiele schaffen. Dazu gehören auch staatliche Investitionen in die Wintersportinfrastruktur wie zum Beispiel der Bau von Eisflächen, Stadien oder Skigebieten. Passend dazu unterzeichnete die Alibaba Group mit dem Internationalen Olympischen Komitee (IOC) einen Sponsoringvertrag bis zu den Spielen 2028. Das zehnjährige Engagement lassen sich die Chinesen rund 600 Millionen

US-Dollar kosten. Damit ist die Alibaba Group bei den beiden grössten Sportverbänden FIFA und IOC engagiert. Und kommt so in den Genuss zu wichtigen Kontakten in der Sportbranche auf höchster Ebene.

Die Geschäftsbereiche der Alibaba Group sind sehr stark miteinander verknüpft. Am Schluss geht es immer wieder darum, die Konsumenten auf die E-Commerce-Plattformen zu bringen um Konsumgüter einzukaufen. Und am besten gleich mit dem eigenen Bezahlsystem Alipay zu bezahlen. In China schauen im Vergleich zu Europa und den USA ungleich mehr Personen Sportereignisse oder Videos über das Smartphone oder einen Computer anstelle des Fernsehgerätes. Diesen Fakt nutzt die Alibaba Group mit ihren Geschäftsbereichen, um die Konsumenten direkt während des Schauens eines Videos in ihre Online-Shops zu leiten. Die Online-Aktivitäten werden vielmehr miteinander verknüpft.

Alisports ist in Europa noch nahezu unbekannt und im Vergleich zur Wanda Group auch nicht so einflussreich im internationalen Sportbusiness. Und auch wenn sich die Ziele und Aktivitäten im Vergleich mit Wanda doch deutlich unterscheiden, es wird wohl eine Frage der Zeit sein, bis auch Alisports verstärkt im europäischen und amerikanischen Sportmarkt auftauchen wird. An finanziellem Spielraum wird es auch in Zukunft nicht mangeln.

Der Versuch Espanyol Barcelona chic zu machen

Im Januar 2016 gab RCD Espanyol Barcelona bekannt, dass der Chinese Chen Yansheng neuer Präsident des Vereins wird. Chen Yansheng ist Vorsitzender der Rastar Group, welche im November des Vorjahres mit 54% der Anteile grösster Aktionär des Vereins wurde.[14] Er gehört zu den einflussreichsten Geschäftsmännern auf dem asiatischen Markt. Die Rastar Group produziert und verkauft unter anderem Spielzeugautos, Fahrräder oder auch Videogames.

Die Gruppe hat dann auch sogleich das Hauptsponsoring übernommen, um mit den eigenen Marken prominent auf den Trikots werben zu können. Der Einstieg bei RCD Espanyol Barcelona soll die Chinesen rund 65 Millionen Euro gekostet haben. Im Juni 2016 teilte die Rastar Group mit, dass man seit dem Einstieg 137 Millionen Euro in den Verein investiert habe, um die finanzielle Basis für eine sportlich erfolgreiche Zukunft zu legen.[15]

Neben der Verfolgung der eigenen Interessen und der Steigerung der Bekanntheit des Unternehmens betont Chen Yansheng stets auch die Absicht, langfristig und nachhaltig den Verein voranzubringen. Nachdem der Verein auf finanziell gesunde Füsse gestellt wurde, soll nun auch der sportliche Angriff erfolgen. Aus dem Niemandsland der Primera Division soll die Lücke zu den Spitzenteams in den nächsten Jahren immer geringer werden. Mittelfristig soll sogar die Teilnahme an der UEFA Champions

---

[14] (RCD Espanyol Barcelona, 2016)
[15] (RCD Espanyol Barcelona, 2016)

League angepeilt werden, um so aus dem Schatten des grossen Stadtrivalen, dem FC Barcelona, zu treten. Dies dürfte dann wohl ein sehr schwieriges Unterfangen werden, sind doch der FC Barcelona und Real Madrid die mit Abstand umsatzstärksten Fussballvereine der Welt. Selbst mit den Millionen aus China wird dies wohl eher ein Traum bleiben.

Dennoch zeigt das Beispiel RCD Espanyol Barcelona gut auf, wie der Eintritt chinesischer oder auch anderer asiatischer Unternehmen im europäischen Fussball unaufhaltsam vorwärts geht. So konnte Chen Yansheng nach dem Einstieg der Rastar Group beim Klub aus der spanischen Primera Division sehr schnell weitere Partner aus seiner Heimat gewinnen. Als Sponsor konnte man die chinesische Online-Finanzplattform Leadercf an den Verein binden. Als offizieller Wettpartner engagierte sich zudem die philippinische VBET bei RCD Espanyol Barcelona.

Um das Netzwerk von Chen Yansheng weiterhin gewinnbringend zu nutzen, wird der Klub in Zukunft vermehrt für sich werben und auf Tour gehen. Wie alle grossen europäischen Vereine wird auch RCD Espanyol Barcelona in Zukunft regelmässig in China Testspiele bestreiten und an Projekten teilnehmen. Und so sollen dann noch mehr Unternehmen aus China in den europäischen Fussballmarkt gelockt werden.

Aber auch in Barcelona selber will der Klub populärer werden und vor allem auch Touristen ins Stadion locken, welche bis anhin nur zu Spielen des Rivalen FC Barcelona gingen. Zu diesem Zweck arbeitet Espanyol mit dem Tourismusverband von Barcelona zusammen, welcher an verschiedenen Touristenhotspots Tickets für die Spiele an Touristen verkaufen soll. Aber auch auf der Internetseite der Fluggesellschaft Ryanair sollen Tickets gekauft werden können. Damit soll der Zuschauerschnitt von aktuell unter 20'000 massiv erhöht werden. Platz würde das RCDE Stadium für über 40'000 Fans bieten.

Business im südfranzösischen Nizza

Nizza ist vor allem für Sommerurlaub am Meer der Côte d'Azur bekannt. Aber auch der Fussballverein aus Nizza macht sich in den letzten Jahren europäisch wieder bemerkbar, nachdem der viermalige französische Meister der 1950er Jahre für längere Zeit abgetaucht war. Und auch an der französischen Riviera sind mittlerweile die Chinesen am Ruder und versuchen den OGC Nizza langfristig und nachhaltig im europäischen Geschäft halten zu können.

Im Sommer 2016 übernahmen die Chinesen Chien Lee und Alex Zheng zusammen mit dem amerikanischen Geschäftsmann Paul Conway 80% am französischen Verein OGC Nizza. Chien Lee und Alex Zheng sind in der Hotelbranche tätig. Der bisherige Eigentümer und Präsident des Vereins, Jean Pierre Rivère, bleibt mit 20% der Anteile weiterhin als Minderheitsaktionär im Boot. Für seine verkauften Anteile soll er rund 20 Millionen Euro erhalten haben. Er hat den Klub seinerseits im Jahr 2011 in einem miserablen finanziellen Zustand, ohne einer klaren Strategie und schlechtem Ruf, übernommen. Seit seiner Präsidentschaft konnte er einiges bewegen. OGC Nizza spielt in einem neuen Stadion, trainiert in einem neuen, sehr modernen Trainingscampus und der Verein hat wieder eine Identifikation in der Stadt geschaffen.

Alex Zheng ist der Gründer Plateno Group, der grössten Hotelgruppe in China. Mit dieser hat er auch die 7 Days Group übernommen, welche wiederum von Chien Lee gegründet wurde. Und nun wollen die beiden mit ihren Hotels auch in Europa stark wachsen und mit dem Einstieg bei OGC Nizza das Reisegeschäft in Südfrankreich mit chinesischen Touristen vorantreiben. Dazu sollen auch Hotels dazugekauft und den Chinesen Reisepakete angeboten werden. Unter der Plateno Group sind mehr als 20 Marken zusammengefasst, welche zusammen mittlerweile über 5'000 Hotels besitzen.

Auch sportlich versprachen die neuen Besitzer eine kontinuierliche Steigerung der Qualität durch Investitionen in den Kader. Neben dem Kauf des Vereins haben sich die neuen Besitzer denn auch einen 5-Jahres-Plan aufgestellt. In der Saison 2016/17 landete man dann auch sensationell auf dem dritten Schlussrang und qualifizierte sich für die Europa League. Ein Jahr später reichte es immerhin noch zu Rang acht in der Ligue 1. Grosse Namen sucht man im Kader von OGC Nizza zwar mit Ausnahme von Mario Balotelli vergeblich, als Team scheinen die Südfranzosen jedoch eine gute Balance gefunden zu haben.

Mit dem Einstieg der Chinesen schienen die Ligaverantwortlichen offener für den chinesischen Markt zu werden. Im März 2018 wurde erstmals ein Spiel an einem Sonntag um 13 Uhr angepfiffen, zur Primetime in China. Das Spiel von OGC Nizza gegen Paris Saint-Germain wurde dann auch von 1,6 Millionen Chinesen an den Bildschirmen verfolgt, so viele wie noch nie bei einem Spiel der französischen Eliteliga.

Neben dem Engagement bei OGC Nizza sind Chien Lee und Alex Zheng auch beim englischen Verein Barnsley Football Club und seit Sommer 2018 auch beim Berliner Regionalligisten FC Viktoria 1889 investiert. In der deutschen Hauptstadt haben sich die

Chinesen RB Leipzig als Vorbild genommen und planten den Klub mittelfristig in die Bundesliga zu führen. Der FC Viktoria Berlin musste jedoch im Dezember 2018 Insolvenz anmelden, die Zahlungen der Chinesen blieben unbegründet aus, Verbindlichkeiten konnten deshalb nicht mehr beglichen werden. Bleibt zu hoffen, dass den Chinesen die Lust in Nizza nicht auch vergeht und dem südfranzösischen Verein dasselbe Schicksal ereilen wird.

Der Reiz der Premier League

Die Premier League ist weltweit gesehen die finanziell attraktivste Liga im Fussballgeschäft. Die Vermarktung, das Faninteresse und die Einnahmen aus den TV-Übertragungsrechten spülen den Klubs kumuliert mehrere Milliarden pro Saison in die Kassen. Sogar der Letztplatzierte der Liga erhält aus dem Pool der Fernsehrechte über hundert Millionen Euro ausbezahlt und damit mehr als beispielsweise der FC Bayern München in der Bundesliga. Diese finanzielle Kraft als Basis macht ein Einstieg von Investoren natürlich sehr attraktiv und hat in den letzten Jahren auch die Chinesen angezogen. Dies jedoch nicht bei Vereinen aus der Premier League, sondern auch aus der zweithöchsten Liga. Dies mit der verbundenen Hoffnung, baldmöglichst aufzusteigen, um dann ebenfalls an die Honigtöpfe zu gelangen.

Manchester City gehört wie bereits in einem eigenen Kapitel behandelt zu 13,79% der Investorengruppe China Media Capital (CMC). Diese bezahlte für diesen Anteil etwa 400 Millionen US-Dollar. Damit ist dieses Engagement bei Manchester City das finanziell grösste und populärste aus China in der Premier League. Die anderen Topvereine in England sind vorwiegend in amerikanischem, russischem oder englischem Besitz.

Bei den beiden kleineren Vereinen aus Englands höchster Liga, den Wolverhampton Wanderers und dem Southampton FC, gehört die deutliche Mehrheit chinesischen Investoren.

Wolverhampton Wanderers ist seit dem Jahr 2016 im Besitz der chinesischen Investorengruppe Fosun International Limited. Besitzer dieser Gruppe ist Guo Guangchang, welcher sich die Wolves locker leisten kann (Verkaufspreis rund 60 Millionen US-Dollar). Er soll über ein Privatvermögen von rund acht Milliarden US-Dollar verfügen. Dementsprechend sind die Ziele auch sehr ambitioniert. Man will in den nächsten Jahren zu den Topvereinen in England aufschliessen und sich regelmässig für die europäischen Wettbewerbe qualifizieren. Seit dem Einstieg der Chinesen wird kräftig investiert, vorwiegend in portugiesische Spieler. Der Grund dafür ist, dass die chinesischen Besitzer mit dem Jorge Mendes zusammenarbeiten, einem der einflussreichsten Spielerberater im Fussballgeschäft. Zu den Kunden von Jorge Mendes gehören unter anderem Cristiano Ronaldo oder José Mourinho. Neben den Investitionen in die Mannschaft soll auch die Infrastruktur auf Vordermann gebracht werden. So ist ein Ausbau des Stadions bereits in Planung und soll möglichst bald realisiert werden.

Im August 2017 teilte dann der Southampton FC mit, dass man mit Jisheng Gao und seiner Tochter, Nelly Gao, neue Partner für den Klub gefunden habe.[16] Dabei hat die damalige Klubbesitzerin Katharina Liebherr 80 Prozent der Anteile abgegeben. Sie selber hat den Verein von ihrem verstorbenen Vater im Jahr 2010 geerbt. Hans Liebherr kaufte erst im Jahr vor seinem Tod den Southampton FC für lediglich rund 15 Millionen Euro. Seine Tochter führte den Verein danach weiter, bis sie eben im Jahr 2017 den Grossteil der Anteile verkaufte und dafür von der Familie Gao

---

[16] (Southampton FC, 2017)

rund 230 Millionen Euro bekam. Jisheng Gao soll ein Vermögen von über einer Milliarde US-Dollar besitzen. Das Geld hat er im Immobilienhandel verdient. Mittlerweile ist er mit seiner aktuellen Firma, der Lander Sports Development Company, ins Sportbusiness eingestiegen. Zu den verschiedenen Projekten wie Stadionbauten, an welchen er rund um den Sport beteiligt ist, gehört nun also auch der Southampton FC. Sportlich lief es in der Saison nach der Übernahme aus China sehr bescheiden, der Abstieg konnte im Frühling 2018 nur sehr knapp abgewendet werden. Und auch in der Saison 2018/2019 kämpft man um den Verbleib in der höchsten englischen Liga.

Schlechter erging es West Bromwich Albion nach der Übernahme eines chinesischen Investors. Im August 2016 kaufte der Milliardär Guochuan Lai den Verein für rund 200 Millionen US-Dollar. Mit dem Ziel, den Verein so zu erhalten und die Strukturen nicht gross zu verändern, erreichte er keine sportlichen Verbesserungen. Im Gegenteil, nach der Saison 2017/18 stieg man als Letztplatzierter aus der Premier League ab und spielt seit der Saison 2018/19 in der Football League Championship, der zweihöchsten Spielklasse Englands.

Nur ein paar Wochen nach der Übernahme von West Bromwich Albion kam es bereits zum nächsten Verkauf eines englischen Vereins an chinesische Investoren. Die in Hong Kong beheimatete Trillion Trophy Asia, eine Sportholdinggesellschaft unter Kontrolle von Paul Suen, kaufte Birmingham City für rund 40 Millionen US-Dollar.

Dazu sind aus der Football League Championship mit Aston Villa und dem FC Reading zwei weitere Vereine in chinesischem Besitz. Der Unternehmer Tony Jiantong Xia übernahm Aston Villa über seine Holdinggesellschaft Recon Group für fast 90 Millionen US-Dollar. Mit dem Verein strebte Xia den möglichst raschen Aufstieg in die Premier League an. Jedoch geriet Xia in finanzielle Engpässe und verkaufte die Mehrheit des Vereins an den Ägypter Nassef Sawiris, blieb jedoch mit 45% bedeutender Minderheitseigner bei Aston Villa. Der Reading FC gehört seit Mai 2017 dem Geschäftsmann Dai Yongge. Über sein Unternehmen, die Renhe Commercial Holdings Company Limited, besitzt Dai Yongge auch den chinesischen Super League Vertreter Beijing Renhe FC.

Zu einem interessanten Investment kam es im Dezember 2017 beim Barnsley Football Club. Die Besitzer von OGC Nizza um den Chinesen Chien Lee übernahmen den damaligen englischen Zweitligisten. Mit im Boot haben sie den Amerikaner Billy Beane, welcher beim Baseball Club Oakland Athletics mit seiner rein auf Statistiken beruhenden Mannschaftszusammenstellung bekannt wurde. Die erfolgreiche Geschichte mit dem Titel «Moneyball» wurde von Schriftsteller Micheal Lewis verfasst und später mit Brad Pitt in der Hauptrolle verfilmt. Mittlerweile ist Billy Beane Executive Vice President und eben Mitinvestor beim Fussballverein in Barnsley. Der Verein stieg zwar ein halbes Jahr nach dem Einstieg durch das Konsortium in die League One ab, jedoch scheint der baldige Wiederaufstieg realistisch.

Die Chinesen sind in Englands Fussballligen also schon sehr präsent. Und der Trend dürfte sich in Zukunft noch weiter fortsetzen. Immer wieder machen Gerüchte über Einstiege in Verein die Runde. So wurde bereits Hull City als nächster Übernahmekandidat gehandelt. Aber auch der grosse FC Liverpool weckt Begehrlichkeiten bei Investoren aus dem Reich der Mitte. Anscheinend soll das Interesse von verschiedenen Investorengruppen bereits angemeldet worden sein.

Fussballklubs als Sammlerobjekt

Nicht nur in England werden Vereine an Investoren verkauft, in ganz Europa wechseln regelmässig die Besitzverhältnisse und neue Investoren steigen in den Fussball ein. Für viele reiche Personen gehört ein Fussballverein mittlerweile zu einem wichtigen Statussymbol. Wer Geld hat, der hat auch einen Fussballklub. Und auch ausserhalb Englands sind die Chinesen mittlerweile dick im Geschäft. Neben den bereits näher betrachteten Vereinen in diesem Buch werden im Folgenden die weiteren chinesischen Investments im europäischen Klubfussball zusammengefasst.

Jiang Lizhang gehört wohl zu den aktivsten Investoren im Fussballbusiness. Der Geschäftsführer und Gründer des Unternehmens Desports ist an verschiedenen Vereinen beteiligt und kooperiert zudem mit dem Unternehmen Suning im Bereich von Sportübertragungsrechten. Neben seinem chinesischen Super League Verein Chongqing Dangdai Lifan Football Club ist er in Europa in Spanien Eigentümer des Granada CF. Den Klub aus der Segunda División kaufte er für rund 35 Millionen Euro der italienischen Familie Pozzo ab, welche wie Jiang Lizhang in mehrere Klubs investiert sind (Udinese Calcio und Watford FC). Ebenfalls investiert hat Jiang Lizhang in Parma Calcio. Anfänglich war er noch mit einem Anteil von 60% der Mehrheitsaktionär, verkaufte aber im Oktober 2018 die Hälfte davon an die Nuovo Inizio Gruppe. Der Klub ist nun also wieder in italienischer Hand, Jiang Lizhang hält noch seine restlichen 30% der Aktien am Verein. Erfolglos versuchte der reiche Chinese beim belgischen

Team von OHL Oud-Heverlee Leuven einzusteigen. Jedoch kam ihm die King Power International Group in die Quere und krallte sich den Klub. Das Unternehmen besitzt auch den englischen Premier League Verein Leicester City. Auch wenn Jiang Lizhang in diesem Fall eine Übernahme verwehrt blieb, so dürfte es nicht erstaunen, wenn er sein Portfolio bald erweitern wird. Zu den Fussballklubs leistete sich Jiang Lizhang auch eine 5%-Beteiligung an den Minnesota Timberwolves für fast 50 Millionen Euro. Das Basketballteam spielt in der amerikanischen NBA.

In Frankreich sind die Chinesen der Investmentgesellschaft IDG Capital Partners mit 20% bei Olympique Lyon investiert. Durch den Bau des neuen Stadions hat der Verein einen hohen Schuldenberg angehäuft. Die 110 Millionen US-Dollar, welche die IDG Capital Partners im Jahr 2016 für den Anteil am Verein investierte, kamen also sehr passend. Auch zum Markenaufbau in China möchte man das Knowhow der Investmentgesellschaft nutzen. Für lediglich sieben Millionen Euro bekam das chinesische Verpackungsunternehmen ORG ebenfalls im Jahr 2016 die Mehrheit am Traditionsverein AJ Auxerre (60%). Bereits ein Jahr zuvor ging der FC Sochaux zu hundert Prozent an den Elektronikkonzern Ledus. Dies ebenfalls für läppische sieben Millionen Euro. Zu diesem Zeitpunkt war der FC Sochaux der erste europäische Verein, welcher zu hundert Prozent in chinesische Hände geriet.

Der niederländische Eredivisie Vertreter ADO Den Haag gehört seit dem Jahr 2015 zu 98% dem chinesischen Unternehmen United Vansen mit dem Eigentümer Hui Wang. Das

Unternehmen organisiert Sportveranstaltungen und Events. So wurde beispielsweise die Abschlussfeier der Olympischen Sommerspiele 2008 in der chinesischen Hauptstadt Peking durch die United Vansen organisiert.

In Belgien gehört der Zweitligist KSV Roeselare dem Chinesen Dai Xiu Li, welcher mit seinem Bruder Dai Yongge bereits beim englischen Reading Football Club und dem Chinese Super League Verein Beijing Renhe FC investiert ist.

Der Tschechische Traditionsverein Slavia Prag ist seit 2015 in chinesischer Hand. Die CEFC China Energy Company stieg beim Prager Verein ein. Im November 2018 verkaufte das Unternehmen den Verein an die Sinobo Group. Damit besitzt die Gruppe neben dem Beijing Sinobo Guoan Football Club also auch einen europäischen Fussballverein.

Eine eher unrühmliche Geschichte leisteten sich die Investoren von OGC Nizza. Alex Zheng und Chien Lee wollten aus Viktoria 1889 Berlin nach dem Vorbild von RB Leipzig einen Verein aus der Regionalliga bis in die 1. Bundesliga führen. Dafür hätten anscheinen bis zu 90 Millionen Euro investiert werden sollen. Dies war zumindest der Plan oder der Traum der Berliner. Nach nur einem halben Jahr war das Märchen vorbei und die Chinesen stellten die Zahlungen ein und liessen den Hauptstadtklub auf hohen Verbindlichkeiten sitzen.

Weitere Beteiligungen chinesischer Investoren im europäischen Klubfussball werden folgen. Sie bringen viel neues Kapital in den

Markt und bringen wie in England mit den Wolverhampton Wanderers die Kräfteverhältnisse durcheinander. Ob diese Engagements für den Fussball langfristig eine Bereicherung sind oder nur als kurzfristige Feuerwerke verpuffen werden, wird erst die Zukunft zeigen.

Heimlicher 33. Teilnehmer der WM in Russland

Nein, die Chinesen haben an der Weltmeisterschaft 2018 in Russland nicht teilgenommen. Dafür hat es auf sportlicher Ebene einmal mehr nicht gereicht. Dennoch war das Land an allen Spielen omnipräsent und für jeden Zuschauer unübersehbar. Gleich vier der zwölf Hauptsponsoren der WM kamen aus dem Land, dass sich immer mehr dem Weltverband FIFA annähert. Damit verschaffen sich die Chinesen den gewünschten Goodwill bei den Verantwortlichen des Verbandes, welche irgendwann ja auch einmal eine Austragung der Weltmeisterschaft an China vergeben soll.

Zum einen wäre da die Wanda Group, auf die schon detaillierter in diesem Buch eingegangen wurde. Als einer der sieben offiziellen FIFA-Partner war man selbstverständlich auch am grössten Turnier des Weltverbandes überall sichtbar. Die Wanda Group steht mit diesem Engagement in einer Reihe mit Weltkonzernen wie Adidas, Coca-Cola, Hyundai, Visa, Qatar Airways und Gazprom. Der jährliche Betrag, welche diese Firmen an den Weltfussballverband FIFA zahlen, soll bei über 30 Millionen US-Dollar liegen. Der Deal von Wanda läuft bis zur Weltmeisterschaft 2030 und hat damit ein Volumen von geschätzten 420 Millionen US-Dollar.

Neben den sieben offiziellen Partnern hat die FIFA zudem fünf WM-Sponsoren gewinnen können. Unter diesen fünf waren mit Hisense, Mengniu und Vivo gleich drei chinesische Unternehmen dabei. Wie teuer diese Sponsorenpakete zu haben waren, wurde nicht bekannt. Die Schätzungen beginnen ab etwa zehn Millionen US-Dollar. Die hohe Anzahl an chinesischen Sponsoren dürfte damit zusammenhängen, dass der Ruf der FIFA aktuell stark angekratzt ist und sich europäische und amerikanische Unternehmen eher zurückhaltend gegenüber dem Weltverband zeigen. So wurden die Sponsorenverträge auch erst kurz vor Turnierbeginn unterzeichnet. Noch vier Jahre zuvor beim Endturnier in Brasilien waren die Verträge bereits mehrere Monate vor Beginn unter Dach und Fach.

Der Elektronikkonzern Hisense dürfte den Zuschauern der Bundesliga bereits bekannt gewesen sein. Von 2014 bis 2017 war das Unternehmen Premium Partner bei Schalke 04. Auch bei der Europameisterschaft 2016 in Frankreich war Hisense als Sponsor der UEFA prominent vertreten. Als Namensgeber eines der Stadien der Australian Open ist das chinesische Unternehmen auch im Tennissport vertreten.

Der Smartphone-Hersteller Vivo hat sich sogar gleich für die beiden Weltmeisterschaften 2018 und 2022 als WM-Sponsor verpflichtet. Die Konkurrenz auf dem Smartphone-Markt ist mit den Übermächtigen Herstellern Apple und Samsung riesig. Durch das Engagement bei einer der grössten Sportveranstaltungen weltweit verspricht man sich beim chinesischen Konzern eine grössere Bekanntheit zu erlangen und so den Absatz auch in Europa und Nordamerika zu erhöhen. Dazu lancierte Vivo speziell zur WM ein Smartphone speziell für Fussballfans.

Als dritter chinesischer WM-Partner konnte die FIFA die Mengniu Dairy Group als Sponsor gewinnen. Der Milchproduktehersteller war der wohl unbekannteste chinesische Sponsor des Turniers. Mengniu ist Mandarin und bedeutet übersetzt «mongolische Kuh». Als FIFA-Partner war man der exklusive Eiscreme-Anbieter an den Spielen der Endrunde in Russland. Mit gewöhnungsbedürftigen Sorten wie zum Beispiel rote Bohnen oder Mango-Käse dürfte man wohl eher nicht langfristig in Erinnerung bleiben. Als nachteilig dürfte sich für die chinesischen Unternehmen auch ausgewirkt haben, dass mehrheitlich nur in Chinesisch geworben wurde. Von den meisten Fans und Fernsehzuschauern wurde die Botschaft somit gar nicht verstanden und konnte daher auch nicht nachhaltig aufgenommen werden.

Zu den offiziellen WM-Sponsoren vergab die FIFA auch regionale Sponsorenpakete. In Asien durften dadurch weitere drei chinesische Firmen ihre Marken mit der Weltmeisterschaft in Russland bewerben. Dazu gehörten Yadea, Immerex und DIKING.

An Sponsoren aus dem asiatischen Raum, vor allem aus China, wird man sich wohl in nächster Zeit aber immer mehr gewöhnen. Wie eingangs erwähnt dürfte es kein Zufall sein, dass die chinesischen Firmen gerade jetzt so aktiv werden. Einerseits öffnet sich China wirtschaftlich immer mehr und die Expansionsgelüste der Unternehmen steigen an. Aber auch das Ziel des Staatspräsidenten, möglichst bald die eigene Nationalmannschaft wieder an einer WM sehen zu können, spielt wohl eine gewichtige

Rolle. Immer wieder macht das Gerücht die Runde, dass die Chinesen unbedingt die Weltmeisterschaft im Jahr 2030 ausrichten möchte. Um diesem Vorhaben näher zu kommen üben Sponsoren natürlich eine nicht unbedeutende Macht aus. Und wenn jetzt schon vier chinesische Unternehmen viel Geld an den Weltverband überweisen, wird dies sicherlich bei einer allfälligen Vergabe der Endrunde nicht ohne Einfluss bleiben.

Der Traum vom Weltmeistertitel

Der mächtige Staatspräsident Xi Jinping hat eine klare Vision. China qualifiziert sich baldmöglichst für eine FIFA-Weltmeisterschaft und mischt im Konzert der Grossen endlich richtig mit. Ein paar Jahre wird in China das Turnier dann auch selber ausgerichtet und man ist für vier Wochen Gastgeber beim wichtigsten sportlichen Anlass der Welt. Bis 2050 bringen die Fussballer aus China den Pokal nach Hause und feiern den Gewinn der Weltmeisterschaft. So zumindest sieht es der 50-Punkte-Plan der chinesischen Regierung vor.

Bis 2050 soll der chinesische Fussball also spätestens an der Weltspitze angekommen sein. Bis dahin hat das Land noch viel Arbeit und grosse Investitionen vor sich. Allen voran der Aufbau der notwendigen Infrastruktur verschlingt mehrere Milliarden. Aus dem Strategiepapier der Regierung geht hervor, dass bis ins Jahr 2020 bereits über 50 Millionen Chinesen Fussball spielen sollen. Damit diesen auch genügend Trainings- und Spielmöglichkeiten zur Verfügung stehen, werden bis dann 20'000 Trainingszentren und weitere 70'000 Fussballplätze gebaut sein. Bis ins Jahr 2030 soll sich die Zahl der Fussballplätze sogar noch mehr verdoppeln. Pro 10'000 Einwohner soll es in China einen Fussballplatz geben. Und die Anzahl an Fussballakademien soll auf über 50'000 ansteigen. Für den Bau von Sportinfrastrukturen plant der Staat bis ins Jahr 2025 über 750 Milliarden US-Dollar auszugeben. Damit würde China auch zum grössten Sportmarkt der Welt heranwachsen. Denn nicht nur der Fussball soll von den Investitionen profitieren. Die

Entwicklung soll sich über alle Sportarten hindurchziehen. Fast die Hälfte dieses geplanten Billionen-Dollar-Sportmarktes soll dereinst jedoch der Fussball ausmachen.

All die vielen Fussballplätze alleine bringen jedoch nicht viel. Daher braucht das Land auch noch jede Menge Trainer und Ausbildner. Mit den bereits an früherer Stelle erwähnten Kooperationen mit europäischen Teams soll der Austausch von Knowhow und die Ausbildung eigener Trainer sichergestellt werden. Zudem muss der Fussball auch ausserhalb der Ballungszentren erst noch etabliert werden. Die Strukturen im Nachwuchsbereich müssen erst geschaffen werden, damit die Stars von morgen auch optimal gefördert werden können.

Aber auch die Liga soll zur Entwicklung der chinesischen Spieler beitragen und die zukünftigen Nationalspieler formen. Mit der Pflicht, einheimische Spieler einzusetzen, wird diesen dringend benötigte Spielpraxis garantiert. Mit der eingeführten Transfersteuer bei hohen Ablösesummen soll zudem Geld in die Entwicklung der Spieler fliessen. Die Steuer kommt einem staatlichen Entwicklungsfonds zugute, welcher Projekte im Nachwuchsbereich unterstützen soll.

Ob all die getroffenen Massnahmen den Fussball in China besser machen, wird die Zukunft zeigen. Das Potenzial dazu ist sicherlich vorhanden. Es gibt so viele potenzielle Fussballspieler wie in keinem anderen Land, das Interesse am Fussball steigt und steigt. Zudem wird sehr viel Geld investiert, um die Entwicklung sehr rasant voranzutreiben. Geld alleine wird jedoch nicht entscheiden, ob China längerfristig gesehen zur Weltspitze aufschliessen kann. Der Weg dorthin wird ein langer sein und Rückschläge, die bestimmt kommen werden, gilt es zu verkraften. Ob die Chinesen es schaffen, wird auch an der Ausdauer und am nachhaltigen Aufbau professioneller Strukturen festzumachen sein. Und zudem braucht es eine Fussballkultur, um sich an die Weltspitze zu setzen und da zu verbleiben. Und diese Kultur kann man mit Geld nicht erschaffen, das wird viele Jahre an Zeit benötigen. Dass die Chinesen besser werden und realistische Chancen auf regelmässige WM-Teilnahmen haben werden, steht ausser Frage. Ob Xi Jinpings Traum, in seinem Leben noch einen Weltmeistertitel der Chinesen feiern zu können, in Erfüllung gehen wird, darf aktuell stark bezweifelt werden.

Zahlen und Fakten

Gründung Chinese Football Association:

1924

Beitritt zur FIFA:

1931

WM-Teilnahmen:

2002

Position FIFA Weltrangliste Ende 2018:

76

Gründung der Chinese Super League:

2004

Rekordmeister der Chinese Super League:

Guangzhou Evergrande (7 Titel)

Tabelle Chinese Super League 2013

Rang	Verein	Spiele	S	U	N	Tore	P
1	Guangzhou Evergrande Taobao FC	30	24	5	1	78:18	77
2	Shandong Luneng Taishan F.C.	30	18	5	7	55:35	59
3	Beijing Sinobo Guoan Football Club	30	14	9	7	54:31	51
4	Beijing Renhe Football Club	30	11	11	8	40:41	44
5	Dalian Yifang Football Club	30	11	8	11	40:43	41
6	Guangzhou R&F Football Club	30	11	7	12	45:47	40
7	Shanghai Shenxin Football Club	30	11	7	12	31:42	40
8	Shanghai Greenland Shenhua F.C.	30	11	11	8	36:36	38
9	Shanghai SIPG F.C.	30	10	7	13	38:35	37
10	Liaoning Hongyun Football Club	30	8	11	11	35:44	35
11	Tianjin TEDA F.C.	30	11	7	12	35:39	34
12	Hangzhou Greentown Football Club	30	8	10	12	34:42	34
13	Jiangsu Suning Football Club	30	7	11	12	32:39	32
14	Changchun Yatai Football Club	30	8	8	14	29:41	32
15	Qingdao Jonoon Football Club	30	7	10	13	26:41	31
16	Wuhan Zall Football Club	30	3	7	20	24:58	16

Tabelle Chinese Super League 2014

Rang	Verein	Spiele	S	U	N	Tore	P
1	Guangzhou Evergrande Taobao FC	30	22	4	4	76:28	70
2	Beijing Sinobo Guoan Football Club	30	21	4	5	50:25	67
3	Guangzhou R&F Football Club	30	17	6	7	67:39	57
4	Shanghai SIPG F.C.	30	12	12	6	47:39	48
5	Shandong Luneng Taishan F.C.	30	12	12	6	41:29	48
6	Beijing Renhe Football Club	30	11	8	11	33:35	41
7	Tianjin TEDA F.C.	30	10	9	11	41:44	39
8	Jiangsu Suning Football Club	30	9	10	11	37:45	37
9	Shanghai Greenland Shenhua F.C.	30	8	11	11	33:45	35
10	Liaoning Hongyun Football Club	30	8	9	13	33:48	33
11	Shanghai Shenxin Football Club	30	9	6	15	26:42	33
12	Hangzhou Greentown Football Club	30	8	8	14	43:60	32
13	Changchun Yatai Football Club	30	8	8	14	33:40	32
14	Henan Jianye Football Club	30	6	12	12	32:39	30
15	Dalian Yifang Football Club	30	6	11	13	32:45	29
16	Zhejiang Yiteng Football Club	30	5	6	19	35:56	21

Tabelle Chinese Super League 2015

Rang	Verein	Spiele	S	U	N	Tore	P
1	Guangzhou Evergrande Taobao FC	30	19	10	1	71:28	67
2	Shanghai SIPG F.C.	30	19	8	3	63:35	65
3	Shandong Luneng Taishan F.C.	30	18	5	7	66:41	59
4	Beijing Sinobo Guoan Football Club	30	16	8	6	46:26	56
5	Henan Jianye Football Club	30	12	10	8	35:30	46
6	Shanghai Greenland Shenhua F.C.	30	12	6	12	42:44	42
7	Shijiazhuang Ever Bright F.C.	30	8	15	7	34:31	39
8	Chongqing Dangdai Lifan Football Club	30	9	8	13	37:52	35
9	Jiangsu Suning Football Club	30	9	8	13	39:48	35
10	Changchun Yatai Football Club	30	8	11	11	39:47	35
11	Hangzhou Greentown Football Club	30	8	9	13	27:35	33
12	Liaoning Hongyun Football Club	30	7	10	13	30:46	31
13	Tianjin TEDA F.C.	30	7	10	13	39:46	31
14	Guangzhou R&F Football Club	30	8	7	15	35:41	31
15	Beijing Renhe Football Club	30	7	8	15	39:52	29
16	Shanghai Shenxin Football Club	30	4	5	21	30:70	17

Tabelle Chinese Super League 2016

Rang	Verein	Spiele	S	U	N	Tore	P
1	Guangzhou Evergrande Taobao FC	30	19	7	4	62:19	64
2	Jiangsu Suning Football Club	30	17	6	7	53:33	57
3	Shanghai SIPG F.C.	30	14	10	6	56:32	52
4	Shanghai Greenland Shenhua F.C.	30	12	12	6	46:31	48
5	Beijing Sinobo Guoan Football Club	30	11	10	9	34:26	43
6	Guangzhou R&F Football Club	30	11	7	12	47:50	40
7	Hebei China Fortune F.C.	30	11	7	12	34:38	40
8	Chongqing Dangdai Lifan Football Club	30	9	10	11	43:50	37
9	Yanbian Funde F.C.	30	10	7	13	39:41	37
10	Liaoning Hongyun Football Club	30	9	9	12	38:47	36
11	Tianjin TEDA F.C.	30	9	9	12	38:50	36
12	Changchun Yatai Football Club	30	10	5	15	30:44	35
13	Henan Jianye Football Club	30	10	5	15	26:44	35
14	Shandong Luneng Taishan F.C.	30	9	7	14	38:45	34
15	Hangzhou Greentown Football Club	30	8	8	14	28:37	32
16	Shijiazhuang Ever Bright F.C.	30	7	9	14	28:53	30

Tabelle Chinese Super League 2017

Rang	Verein	Spiele	S	U	N	Tore	P
1	Guangzhou Evergrande Taobao FC	30	20	4	6	69:42	64
2	Shanghai SIPG F.C.	30	17	7	6	72:39	58
3	Tianjin Tianhai F.C.	30	15	9	6	46:33	54
4	Hebei China Fortune F.C.	30	15	7	8	55:38	52
5	Guangzhou R&F Football Club	30	15	7	8	59:46	52
6	Shandong Luneng Taishan F.C.	30	13	10	7	49:33	49
7	Changchun Yatai Football Club	30	12	8	10	46:41	44
8	Guizhou Hengfeng Zhicheng FC	30	12	6	12	39:45	42
9	Beijing Sinobo Guoan Football Club	30	11	7	12	42:42	40
10	Chongqing Dangdai Lifan Football Club	30	9	9	12	37:40	36
11	Shanghai Greenland Shenhua F.C.	30	9	8	13	52:55	35
12	Jiangsu Suning Football Club	30	7	11	12	40:45	32
13	Tianjin TEDA F.C.	30	8	7	15	30:49	31
14	Henan Jianye Football Club	30	7	9	14	34:46	30
15	Yanbian Funde F.C.	30	5	7	18	32:64	22
16	Liaoning Hongyun Football Club	30	4	6	20	30:74	18

Tabelle Chinese Super League 2018

Rang	Verein	Spiele	S	U	N	Tore	P
1	Shanghai SIPG F.C.	30	21	5	4	77:33	68
2	Guangzhou Evergrande Taobao FC	30	20	3	7	82:36	63
3	Shandong Luneng Taishan F.C.	30	17	7	6	57:39	58
4	Beijing Sinobo Guoan Football Club	30	15	8	7	64:45	53
5	Jiangsu Suning Football Club	30	13	9	8	48:33	48
6	Hebei China Fortune F.C.	30	10	9	11	46:50	39
7	Shanghai Greenland Shenhua F.C.	30	10	8	12	44:53	38
8	Beijing Renhe Football Club	30	9	10	11	33:46	37
9	Tianjin Tianhai F.C.	30	9	9	12	41:48	36
10	Guangzhou R&F Football Club	30	10	6	14	49:61	36
11	Dalian Yifang Football Club	30	10	5	15	37:57	35
12	Henan Jianye Football Club	30	10	4	16	30:45	34
13	Chongqing Dangdai Lifan Football Club	30	8	8	14	40:46	32
14	Tianjin TEDA F.C.	30	8	8	14	41:54	32
15	Changchun Yatai Football Club	30	8	8	14	45:56	32
16	Guizhou Hengfeng Zhicheng FC	30	7	3	20	34:66	24

Torschützenliste 2013

Rang	Spieler	Verein	Tore
1	Elkeson	Guangzhou Evergrande Taobao FC	24
2	Carmelo Valencia	Tianjin TEDA F.C.	16
3	Yakubu Aiyegbeni	Guangzhou R&F Football Club	15

Torschützenliste 2014

Rang	Spieler	Verein	Tore
1	Elkeson	Guangzhou Evergrande Taobao FC	28
2	Abderazak Hamed-Allah	Guangzhou R&F Football Club	22
3	Tobias Hysén	Shanghai SIPG F.C.	19

Torschützenliste 2015

Rang	Spieler	Verein	Tore
1	Aloísio	Shandong Luneng Taishan F.C.	22
2	Ricardo Goulart	Guangzhou Evergrande Taobao FC	19
3	Dejan Damjanovic	Beijing Sinobo Guoan Football Club	16

Torschützenliste 2016

Rang	Spieler	Verein	Tore
1	Ricado Goulart	Guangzhou Evergrande Taobao FC	19
2	Lei Wu	Shanghai SIPG F.C.	14
3	Demba Ba	Shanghai Greenland Shenhua F.C.	14

Torschützenliste 2017

Rang	Spieler	Verein	Tore
1	Eran Zahavi	Guangzhou R&F Football Club	27
2	Ezequiel Lavezzi	Hebei China Fortune F.C.	20
3	Lei Wu	Shanghai SIPG F.C.	20

Torschützenliste 2018

Rang	Spieler	Verein	Tore
1	Lei Wu	Shanghai SIPG F.C.	27
2	Odion Ighalo	Changchun Yatai Football Club	21
3	Eran Zahavi	Guangzhou R&F Football Club	20

Die Stadien der Chinese Super League

(Saison 2019)

Kapazität	Stadionname	Verein
66'161	Workers Stadium	Beijing Sinobo Guoan FC
61'400	Nanjing Olympic Sports Center	Jiangsu Suning Football Club
61'000	Dalian Sports Center	Dalian Yifang Football Club
60'334	Shenzhen Universiade Sports Center	Shenzhen Football Club
58'680	Chongqing Olympic Sports Center	Chongqing Dangdai Lifan FC
58'500	Tianhe Stadium	Guangzhou Evergrande FC
56'800	Shanghai Stadium	Shanghai SIPG F.C.
56'800	Jinan Olympic Sports Center	Shandong Luneng F.C.
54'700	Tianjin Olympic Sports Center	Tianjin TEDA F.C.
33'500	Olympic Sports Center Stadium	Hebei China Fortune F.C.
33'000	Hongkou Football Stadium	Shanghai Greenland F.C.
31'000	Beijing Fengtai Stadium	Beijing Renhe Football Club
30'000	Zhengzhou Hanghai Stadium	Henan Jianye Football Club
30'000	Haihe Educational Football Stadium	Tianjin Tianhai F.C.
30'000	Dongxihu Sports Center	Wuhan Zall Football Club
18'000	Yuexiushan Stadium	Guangzhou R&F Football Club

Personenverzeichnis

Auf den folgenden Seiten werden die im Buch genannten Personen zusammengefasst und deren Beteiligung im Fussball kurz und kompakt erwähnt:

Chen, *Yansheng*   Vorsitzender der Rastar Group und Besitzer von RCD Espanyol Barcelona.

Chien, *Lee*   Chinesisch-amerikanischer Doppelbürger und Gründer der Hotelkette 7-Days-Inn, Vorsitzender der Investmentgesellschaft NewCity Capital, Mitbesitzer von OGC Nizza und dem Barnsley Football Club.

Dai, Xiu Li   Besitzer des belgischen Zweitligisten KSV Roeselare. Zudem mit seinem Bruder Dai Yongge Mitbesitzer vom Beijing Renhe FC und Reading FC.

Dai, *Yongge*   Vorsitzender der Renhe Commercial Holdings Company Limited, Besitzer der Vereine Beijing Renhe FC und Reading FC.

Jiang, *Lizhang*	Gründer des Unternehmens Desports, Eigentümer des Chongqing Dangdai Lifan FC und des Granada CF, zudem zu 30% beteiligt an Parma Calcio und zu 5% am NBA-Team Minnesota Timberwolves.
Jisheng, *Gao*	Besitzer des Southampton Football Club mit einem Privatvermögen von rund einer Million US-Dollar.
Lai, *Guochuan*	Besitzer von West Bromwich Albion, Vorsitzender der Yunyi Guokai Sports Development Limited, geschätztes Privatvermögen von 3,8 Milliarden US-Dollar.
Ma, *Jack*	Gründer und Vorsitzender der Alibaba Group mit einem Privatvermögen von 40 Milliarden US-Dollar. Mit der Alibaba Sports Group expandiert er ins Sportbusiness. Der Alibaba Group gehören zudem 40% des chinesischen Serienmeisters Guangzhou Evergrande.
Suen, *Paul*	Vorsitzender der Trillion Trophy Asia, welche im Besitz von Birmingham City ist. Sein Privatvermögen wird auf über 500 Millionen US-Dollar geschätzt.

Wang, *Hui*	Eigentümer der United Vansen Sports Co. Ltd. und Besitzer des niederländischen Vereins ADO den Haag.
Wang, *Jianlin*	Gründer der Wanda Group und damit auch Besitzer der Sportrechteagentur Infront Sports & Media AG. Zudem beteiligt am Chinese Super League Verein Dalian Yifang Football Club. Mit rund 30 Milliarden US-Dollar Privatvermögen gehört er zu den reichsten Personen seines Landes.
Wang, *Wenxue*	Gründer der China Fortune Land Development, die seit 2015 den Super League Verein Hebei China Fortune besitzt. Sein Vermögen wird auf über vier Milliarden US-Dollar geschätzt.
Xi, *Jinping*	Staatspräsident der Volksrepublik China, Mitglied der Kommunistischen Partei Chinas.
Xia, *Tony Jiantong*	Eigentümer der Recon Group und Besitzer von Aston Villa. Sein Privatvermögen liegt bei über einer Milliarde US-Dollar.

Zhang, *Jindong*

Grösster Aktionär von Suning und somit auch Besitzer des Jiangsu Suning FC und Inter Mailand. Mit der Suning Sports Group intensivierte er die Aktivitäten des Unternehmens im Sportbusiness. Sein Privatvermögen beläuft sich auf rund 7,5 Milliarden US-Dollar.

Zheng, *Alex*

Gründer der Plateno Group, der grössten Hotelkette in China. Mitbesitzer von OGC Nizza und dem Barnsley Football Club.

Literaturverzeichnis

AC Milan. (2017, April 13). Joint press release Fininvest and Rossoneri Sport Investment Lux. Retrieved Dezember 22, 2017, from https://www.acmilan.com/en/news/official-statement/2017-04-13/press-release

China Internet Information Center (CIIC). (2012, Januar 6). Retrieved Februar 28, 2017, from http://german.china.org.cn/pressconference/2012-01/06/content_24342286.htm

City Football Group. (2018, Mai 1). *www.cityfootballgroup.com*. Retrieved from https://www.cityfootballgroup.com/

Club Atlético de Madrid. (2015, Januar 21). Wanda Group will become a shareholder of Club Atlético de Madrid. Retrieved Dezember 7, 2017, from https://en.atleticodemadrid.com/noticias/wanda-group-will-become-a-shareholder-of-club-atletico-de-madrid

Club Atlético de Madrid. (2017, November 16). Quantum Pacific Group becomes a shareholder of Club Atlético de Madrid. Retrieved Mai 1, 2018, from http://en.atleticodemadrid.com/noticias/quantum-pacific-group-becomes-a-shareholder-of-club-atletico-de-madrid

F.C. Internazionale Milano. (2016, Juni 6). Suning Holdings Group acquires majority stake of F.C. Internazionale Milano. Retrieved Dezember 21, 2017, from http://www.inter.it/en/news/53171/suning-holdings-group-acquires-majority-stake-of-f-c-internazionale-milano

Infront Sports & Media AG. (2015, Februar 10). Wanda Group acquires Infront Sports & Media from Bridgepoint at EUR 1.05 billion. Retrieved Dezember 7, 2017, from http://www.infrontsports.com/news/2015/02/wanda-group-acquires-infront-sports-and-media-from-bridgepoint/

Manchester City FC. (2018, Mai 1). *www.mancity.com*. Retrieved from https://www.mancity.com/fans-and-community/club/corporate-information

Pertsch, F. (2017, Oktober 13). China gigantisch: Dieses Wintersport-Projekt stellt alles in den Schatten. (ISPO.com, Ed.) Retrieved Dezember 23, 2017, from https://www.ispo.com/maerkte/china-gigantisch-dieses-wintersport-projekt-stellt-alles-den-schatten

RCD Espanyol Barcelona. (2016, Juni 30). Approved the capital increase. Retrieved Mai 2, 2018, from https://www.rcdespanyol.com/en/news/approved-the-capital-increase/_n:3124/

RCD Espanyol Barcelona. (2016, Januar 21). Chen Yansheng, new president of RCD Espanyol. Retrieved Mai 2, 2018, from https://www.rcdespanyol.com/en/news/chen-yansheng-new-president-of-rcd-espanyol/_n:2045/

Repucom. (2014). *World Football - From consumption to sponsorship: How fans are changing the commercial landscape of the beautiful game.*

Southampton FC. (2017, August 14). A letter to the fans of Southampton Football Club from Katharina Liebherr. Retrieved Juni 13, 2018, from https://southamptonfc.com/news/2017-08-14/katharina-liebherr-letter-to-southampton-football-club-fans

Wanda Group. (2015, August 27). Wanda Group acquires World Triathlon Corp for $650 million. Retrieved Dezember 23, 2017, from http://www.wanda-group.com/2015/latest_0827/953.html

Week in China, China's Tycoons. (2016). *www.weekinchina.com.* Retrieved Mai 11, 2018, from https://www.weekinchina.com/wp-content/uploads/2016/09/WiC150Tycoons-final.pdf

Geldmaschine Fussball – Wie mit dem Ball die Millionen rollen

Der Sport und insbesondere der Fussball haben in den letzten Jahren eine enorme wirtschaftliche Entwicklung erlebt. "Geldmaschine Fussball" zeigt auf, welche Vereine, Länder und Firmen in diesem Millionenspiel involviert sind und wer davon profitiert. Welche gesamtwirtschaftliche Bedeutung hat der Fussball in den verschiedenen Ländern? Was bringt einem Verein die Teilnahme an der UEFA Champions League? Wie viel Geld nehmen die Ligen durch den Verkauf der Übertragungsrechte ein? Oder in welchem Umfang investieren Firmen wie Red Bull und Gazprom in den Fussball?